무쇠 종

무쇠 종

곽경옥 수필집

인간과문학사

작가의 말

고지에 올라 쉼의 호흡을 하며

　허겁지겁 앞만 보고 달려왔습니다. 노년이란 高地에 올라 쉼의 호흡을 하였습니다. 오르고 내린 길들이 한눈에 들어왔습니다.
　숨 고를 새 없었던 길이었습니다. 가시밭길도, 칠흑 같았던 순간에서도 전능자 하나님이 함께하셨기에 여기까지 왔습니다. 이제 감사의 노래를 부릅니다.
　문학작품이라고도 자서전이라고도 할 수 없는 글이지만 이글을 써가는 순간순간이 행복했습니다. 아팠던 기억에는 울었습니다. 힘겨웠던 기억에서는 긴 한숨으로, 즐거웠던 기억에서는 기쁨이 두 배, 행복이 두 배였습니다.

　여기에 이르도록 주위 분들의 많은 격려와 세심한 도움이 있었기에 가능했습니다. 특히 평생학습 아침 문학 문우님들께 감사를 드립니다. 포기하려 할 때마다 주저앉혔습니다. 오랫동안 인내하며 가르쳐주신 유한근 교수님 감사합니다. 어린아이에게 한 숟가락씩 밥을 떠먹이듯, 글쓰기와 문학의 매력을 지도해 주셨습니다. 수 없는 가르침과 퇴고를 반복하며 여기에 이르도록 이끌어 주셨습니다. 진심으로 감사드립니다. 고맙습니다.

든든한 버팀목으로 지켜봐 준 남편과 사랑하는 언니 고맙습니다. 사 남매 아들딸들과 며느리, 그리고 사위, 고맙고 사랑합니다. 무엇보다 글을 쓰면서 컴퓨터 문제가 생길 때마다 손자들을 부르곤 하였지요. 밤낮으로 직장과 학업에 분주한 손자들, 때와 장소도 확인하지 않고 1호가 안 되면 2호, 2호가 안 되면 3호…, 11호까지 줄줄이 소환했지요. 우리 손자들 고맙고 미안했어요. 서길, 선율, 진식, 정식, 성식, 서연, 하연, 도연, 지윤, 지연, 지철 고마웠어요. 앞으로도 종종 그럴 것 같아요. 할머니는 조금 더 글을 쓰고 싶거든요. 사랑해요! 아주 많이.

강동복지관 정경연 컴퓨터 선생님! 백치 중 백치인 저 때문에 고생하셨어요. 수 없는 반복의 수고로움 잊지 않겠습니다. 고맙습니다. 고향을 지키고 있는 모든 분께 감사드립니다.

기도의 후원으로 큰 힘이 되어주신 길동교회 원로 목사님과 담임목사님께 감사를 드리며, 길동교회 모든 성도님 사랑해요. 기도 부탁해요.

2025년 3월
곽경옥

작가의 말 | 고지에 올라 쉼의 호흡을 하며 - 4

제1부 요즘 세상

햇감잣국 - 12

함박눈이 내려요 - 17

늙어서 그런가 봐 - 22

책 읽는 셋째 댁 - 26

요즘 세상 - 30

열품타 빛이 비추다 - 34

어떤 웃음 - 39

배려配慮 - 43

맞고 때리는 책 읽기 - 47

막내야 부탁해 - 52

제2부 까치의 유감

네 모녀의 비싼 나들이 - 58

넉넉한 마음으로 - 63

깜짝 이벤트 - 67

까치의 유감 - 71

기도의 무게 - 75

김장하는 날이 그립다 - 80

손자의 뒷모습 - 85

둘째야 미안해 - 90

내 편이 아닌 남 편 - 95

김치 수제비 - 99

제3부 고향으로 갑니다

안귀미雁歸湄강과 괘암卦岩 - 106

고향 교회에서 - 111

고향으로 갑니다 - 116

노란 개나리와 초가집 - 120

단어만으로도 아름다운 그리움 - 124

풀벌레가 없어져 - 128

떠날 준비를 - 132

죽었다 살아난 기분 - 137

구룡폭포 가는 길 - 141

삼일포 가는 길 - 146

제4부 천둥소리

처음처럼 - 152

가지 끝에 달린 나뭇잎 소리 - 157

무쇠 종 - 161

방파제 그녀 - 165

산소통 종 울림 - 169

수용소 아이의 특권 - 174

승일교를 건너 - 178

아버지의 파묘 - 182

전쟁은 정말 싫어요 - 187

천둥소리 - 192

제5부 우리 동네

우리 동네 - 198

은행잎 밟으며 - 203

일한 뒤, 그 대가代價 - 207

중추절 - 211

지진 난 날 - 215

하얀 동정 이야기 - 220

옛날 성탄절에 - 224

호스피스 봉사 - 229

수퍼빈 - 233

어·머·나· 운동 - 237

영정사진 유감 - 242

곽경옥의 수필 세계

유한근 | 기본 영성(basic spirituality)의 서사 수필 - 246

제1부

요즘 세상

햇감잣국

생일! 생일날이면 기본으로 먹는 것은 옛날부터 미역국이었다. 세대가 바뀌고 세상 문화가 변하지만 내 가족 생일만은 하얀 쌀밥에 미역국을 챙기고 있다. 자녀들이 결혼과 함께 떠나갔으니 미역국 끓여줄 기회도 많지 않았다. 하지만 생일 아침이면 '미역국은 먹었니'는 생일을 기억한다는 어미의 인사일 게다. 생일 케이크에 촛불을 밝히고 화려한 축하 파티가 있어도 나의 인사는 '미역국 먹었니'였다. 외식을 해도 한 끼만은 미역국에 흰쌀밥을 먹어야 하는 것이 내 삶에 배어있었다. 카톡이나 문자에 올리는 인사말! '생일 축하해' '미역국 먹었니?'다. 그래서인지 사 남매 가정에도 생일에는 미역국을 끓인다고 했다. 너희들은 그리하지 않아도 된다고 생각은 하지만 마음은 흐뭇했다. 서로의 생일을 기억하고 남편이 아내를, 아내가 남편에게 미역국을 끓여 준다니 고마운 일이었다. 무엇보다 남자들이 아내에게 미역국을 끓여 준다는 것은 쉽지 않은 일이다. 정작 내 생일은 그렇지 못했다. 주변의 생일은 챙기면서, '흰쌀밥에 미역국' 지금도 여전히 남편에게 그렇게 하고 있다. 자식들이 성인이 되고 손자들이 많아서 남편의 생일은 갈수록 거한 잔치로 되어갔다. 하얀 쌀밥에 미역국도 여전했다. 엄마는 미역국에 한이 있는 것 같다며 핀잔 아닌 핀잔을 하는 딸들이다. 그렇다. 나는 미역국에 한이 서려 있는지 모르겠다.

내가 기억하는 나의 생일은 늘 감잣국이다. 아침 일찍 어머니가 텃밭에 나가 캐온 햇감자로 끓인 국이다. 소복하게 담은 하얀 쌀밥에 맑은 햇감잣국이 낯설거나 어색하지 않았다. 기대하고 기다렸던 나의 생일 아침 상차림이었다. 대파를 넉넉히 넣어 끓인 맑은 감잣국은 밥맛을 돋우는 일품이었다. 달달하고 시원한 국물은 묵은 체증까지 풀린 듯 속이 시원했다. 나의 생일에만 유일한 그 맛! 햇감잣국, 씹으며 파실하고 쫀득한 맛이 입안에서 사르르 녹아내렸다. 첫 수확인 햇감자는 항상 나의 생일을 행복하게 해주었다. 내가 기억되는 유년기에는 미역이 귀하고 비싸서 먹기가 힘들었다. 전쟁 직후였고 해안과 거리가 먼 산간지역이며, 무엇보다 당시에는 심한 가난으로 어린아이 생일까지 챙기는 게 쉽지 않았다.

어머니는 피난 생활에서도 마당 귀퉁이나 산비탈을 파고 감자 몇 알을 쪼개 심었다. 한 뼘의 땅이라도 빈 곳이 보이면 감자를 심었다. 우리가 할 수 있는 유일한 식량의 보탬이 되었기 때문이다. 더욱 간식과 찬 서리로는 최고였다. 감자는 보통 단오가 지나고 하지가 되면서 캐기 시작했다. 지금이야 조기재배하고 조기 수확을 하지만 당시에는 하늘과 땅이 주는 대로 살았다. 내 생일은 음력 오월 초사흘 단오 이틀 전이다. 보릿고개 막바지였다. 감자는 이십여 일이 지나야 수확을 할 수가 있었다. 하지만 어머니는 항상 내 생일을 기억했다. 생일 전날 감자밭을 돌며 알이 들성싶은 포기에 눈독을 들였다. 그리고 생일날 아침 눈도장 찍힌 감자포기를 파헤쳤다. 그중에 큰 알은 떼어내고 다시 흙을 덮고 꾹꾹 눌러 놓는다. 제대로 여물지 않았지만 알이 좀 굵다는 이유로 선택된 감자였다. 감잣국도 내게는 대단한 것이었다. 오랜만에 하얀 쌀밥에 때 이른 감잣국은 최고의 생일상이었다. 나누기 좋아하는 어머니에게는 이웃과 나눌 수 있는 호사도 되었다.

    결혼 후에도 나의 생일은 미역국보다는 감잣국으로 대신했다. 남편의 생일과 내 생일은 삼일 차가 난다. 남편은 사월 그믐, 나는 오월 초사흘이다. 삼 일 전인 남편의 생일엔 가족들은 물론 나 자신도 남편의 생일이 우선이다. 미역국 중심으로 생일상이 차려졌다. 대가족이니 늘 양이 많았다. 그러므로 내 생일은 얹혀 지나가는 것이 자연스러웠다. 나는 이상하지도 섭섭하지도 않았다. 남편 생일에 곁다리로 끼어 간다고도 생각하지 않았다. 하지만 생일날 아침이면 간간이 어머니가 끓여 주시던 감잣국 생각이 나곤 했다. 어머니 사랑이 듬뿍 담긴 달콤한 그 맛, 그 감잣국이 그리웠다. 그러기에 가끔 평일에도 감잣국을 끓였다.

지금이야 미역이나 감자나 흐드러진 세상이다. 그래서인지 감잣국도 미역국도 가족들에게는 별 의미가 없었다. 생일도, 감잣국도 점점 의미가 없고 잊혀가고 있었다.

  남편 생일에 총동원되어 다녀가니 내 생일엔 또 올 수도 없는 일이었다. 직장, 학교, 분주한 삶에 쫓기는 그들이었다. 이틀 만에 또 온다는 것이 내가 용납할 수 없었다. 자녀들은 섭섭할까 해서인지 봉투나 선물로 대신하곤 했다. 나는 실속을 차릴 수 있어 오히려 좋은 기회였다. 부모의 유전자 때문인지 시대에 맞지 않게 나의 자녀들도 다자녀를 두었다. 손자들이 커가면서 남편 생일은 큰 잔치로 되어가고, 해가 바뀔수록 화려한 행사로 진행되었다. 악기연주, 찬양과 합창, 편지글 등 아이들의 생활 기반이 잡히니 더욱 그랬다. 하지만 내 생일은 여전히 남편의 그늘에 가리어 있었다.

  2022년 새해 달력을 받았다. 연중행사와 가족들 생일에 동그라미를 그리고 이름을 적었다. 남편 생일과 내 생일이 한눈에 들어왔다. 오월 초사흘이 빨간 날이었다. 지방선거일, 임시 공휴일이었다. 쉽지 않은 좋은 기회가 온 것 같았다. 반가웠다. 잠시나마 내 생일에 모일 수 있겠다는 생각이 스쳤다. 그것은 잠시뿐, 남편 생일도 삼 일 전 빨간색 주일, 일요일이었다. 그러면 그렇지, 당연하다 생각하니 편했다.

  오월 초사흘, 딸들에게서 전화가 왔다. 투표하고 서울로 가는 중이란다. 엊그제 모였는데 오지 말라고 극구 만류했지만, 기어코 딸들이 올라왔다. 좋은 식당을 예약했다고 하였다. 오랜만에 딸들에게 거한 생일상을 받았다. 그러나 생일상에는 감잣국도 미역국도 없었다. 딸들은 모처럼 노는 날이니 드라이브를 하자며 파주로 향했다. 내 고향은 언제와도 항상 좋기만 했다. 딸들은 내 마음을 들여다보는 것 같았다. 내가 태어난 내 고향 파주. 산과 들, 계곡, 하늘까지 정겹고 아름다웠다. 내 마음을 잘 알기에 딸들은 내 고향으로 차를 몰고 온 것이었다.

　홀로 살아가는 언니 집으로 들어갔다. 언니의 첫말은 '감잣국 먹었니?'였다. 언니도 내 생일은 감잣국이라는 것을 잘 알고 있었다. 올해는 가물어서 감자 꽃이 제대로 피지도 못하고 마른다고 걱정을 하였다. 호미와 소쿠리를 들고 텃밭으로 나갔다. 감자포기를 파고 굵은 감자를 골라 땄다. 제법 알이 들었다며 흐뭇해했다. 언니의 모습이 돌아가신 어머니 모습으로 다가왔다. 내게 햇감자를 캐어 생일을 기억해 주었던 어머니! 그 자리를 대신한 언니! 하얀 쌀밥에 햇감잣국, 사랑이 담뿍 담긴 나의 생일상!

함박눈이 내려요

깊은 가을로 들어서인가 겨울이 오기 위해서인가? 매일 기온이 심하게 다르다. 하지만 오늘은 봄 햇살처럼 따사롭다. 그동안 시어머님이 요양원에 계셔서 뵈러 갈 때마다 모시지 못함이 죄스러워 마음이 무거웠다. 하지만 이제 어머님을 우리 집에서 모시기로 큰 시누이와 약속을 하였다.

3일 후에 오시는 날이다. 어머님 계실 방을 정리하고 환자용 침대를 놓았다. 재활병원에서 나오실 때 모시려고 구입했던 것이다. 특별히 준비할 게 없었다. 모셔 오기로 결정하니 무거웠던 짐을 벗은 것처럼 홀가분했다. 무엇보다 시누이와 시동생이 허락해준 것이 고마웠다. 앞으로 얼마나 사실지? 어머님의 모습은 몇 년 후 곧 나의 모습으로 다가왔다. '시대의 흐름이 다 그러니 어쩌겠냐'고 하지만 나는 아니다. 부모와 자식의 의무와 책임이 시대 흐름에 따라가야만 하는 것은 아닌 것 같았다. 어쩌면 나의 최후가 염려되어 더 어머님을 모시려 고집하는 것인지도 모르겠다.

갑자기 시동생에게서 전화가 왔다. 어머님 상태가 좋지 않다고 했다. 남편은 서둘러 차를 몰고 요양원으로 갔다. 어머님은 평안한 모습으로 주무시고 계셨다. 오전에 구토하여 병원을 모시고 가야 할까 싶어 불렀다고 하였다. 이불을 살짝 들고 살펴보니 발등과 종아리가 울긋불긋하였다. 요양원 측에서 병원으로 갈 것을 권했다며 시동생이 우리에게 물었다. 저렇게 편안한 모습인데 병원에 가서 검사받는 과정이 힘들고 고통스러울 것 같았다. 나는 가지 말자고 하였다. 남편과 시동생도 거부감 없이 동의했다.

어머님 입술이 마른 듯했다. 물통에 빨대를 꽂아 입에 물렸다. 기다렸다는 듯 주욱 주욱 시원스럽게 빨았다. 살포시 눈을 감고 입을 두어 번 오물거렸다. 입이 많이 말랐나 보다. 가족이나 보호자가 곁에 있지 못하니 염려가 되었다. 목이 마르고 입이 마르면 곁에서 입안을 촉촉하게 해줄 수가 없는 상황이었다. 안타까웠다. 적적하고 외로움은 오죽하랴. 금방 가시는 것은 아니겠지만 누군가 곁에 꼭 있어야 할 것 같았다. 나는 오늘만이라도 어머님 곁에 있고 싶었다. 이 모습을 보고 이대로 돌아갈 수 없었다. 요양원 측에 부탁하였다. 보기 좋게 거절을 당했다. 요양원 규정이 3인실에는 보호자와 함께 있을 수 없다는 것이었다.

나는 오늘만이라고, 간곡히 간절하게 부탁을 하였다. 오늘만이라고 애원하듯 사정을 하였다. 복도에 있어도 되고 그냥 침대 옆에만 있겠다고 했다. 허락하지 않았다. 남편과 시동생은 언성을 높이며 가자고 다그쳤다. 나는 침대 옆에 머리를 파묻고 좌우로 흔들었다. 아무 대꾸도 하지 않았다. 보다 못한 직원들이 1인실로 가면 된다고 하였다. 우리는 쾌히 방을 옮겼다. 간이침대도 있고 어머님과 있기에는 안성맞춤 같았다. 우리 둘만의 공간이었다. 어머님의 얼굴과 손발을 물수건으로 닦고 다리 쪽을 만지니 얼굴을 찡그리며 아픔을 느끼셨다.

야윈 어머님의 모습을 바라보니 만감이 교차했다. 활활 타오르던 모닥불이 다 타고 마지막 사그라지는 모습 같았다. 나로서는 해드릴 수 있는 것이 없었다. 청각은 마지막까지 간다고 하니, 핸드폰을 열어 찬송을 어머님 귀에 대었다. 한평생 찬양과 기도로 사신 분이었다. 핸드폰 소리에 맞추어 나는 작은 소리로 찬양을 불렀다. 소리는 안 들리지만, 어미님 입술이 달싹거렸다. 찬송하는 것임을 알 수 있었다. 편안한 모습이었다. 입술의 작은 움직임조차 귀했다. 나는 어머님의 얼굴을 매만지며 어머님 볼에 내 볼을 대 보았다. 따스했다. 어머님의 두 손을 잡고 찬양을 이어갔다. 어머님께 해 드릴 수 있는 것은 이것뿐이었다. 수저를 물에 담갔다가 입술과 혀를 촉촉하게 해드리는 것뿐이었다. 작은 숨소리조차 귀한 어머님은 아기처럼 꾸밈이 없는 순수하고 예쁜 모습을 보였다.

혼자보다 누군가 함께 있는 것이 좋을 것 같았다. 늘 어려운 일에 함께해주는 친구를 불렀다. 친구와 함께 어머님의 모습을 지켜보았다. 새벽녘부터 호흡이 불규칙해졌다. 손목을 잡아 보니 맥박이 약해졌다. 어머님을 부르며 눈을 떠보시라고 했다. 여린 숨소리뿐 반응이 없다. 다리와 발등을 꾹 눌러보았다. 어제저녁에는 '아~' 하고 아프다는 표현을 했는데 전혀 반응이 없었다. 젖은 거즈를 입술에 대어도 어제와는 달랐다. 불안한 마음, 가슴에서 무언가 울컥 올라왔다. 어머님, 우리 집 안 가실 거예요? 애원하듯 어머님을 불렀다. 7시쯤 남편과 시동생에게 어머님을 뵙고 출근하라고 전화를 했다. 두 아들이 달려왔다. 그들도 마지막임을 느낀 것 같았다. 목사님께 연락해 임종 예배를 드렸다. 어머님의 마지막 생과 사의 갈림길이었다.

　어려운 시대를 살아오신 어머님이시다. 갖은 고생과 수고의 대가로 우리가 여기에 있다며 어머님이 평소에 즐기시던 찬송을 불렀다. 사랑하는 이들이 어머님의 손을 매만지며 함께 부르는 찬양 중에 살포시 숨을 거두었다. 두 손을 가지런히 포개 어머님 배 위에 올려놓았다. 평온한 모습, 잡티 하나 없이 깨끗한 얼굴, 고생하신 흔적은 찾아볼 수 없었다. 믿음의 결과일까? 다리가 아파 출입이 불편하여도 가정예배를 매일 하셨고 새벽마다 소파에 앉아 기도로 이어가신 어머님의 모습! 자식들한테 언짢은 말씀을 하지 않으려 가슴앓이도 많이 하셨을 것이다. 요양원에선 늘 "고맙다. 잘 먹었다. 너희 보니 좋다."고 하셨다.

　'어머님의 좋은 모습! 오래 기억할 것입니다.'

　장례를 마치고 돌아오니 허전함과 피곤함이 밀려왔다. 깊은 수면으로 푹 쉬고 일어나니 밤사이에 온 세상이 하얗게 변해 있었다. 때 이른 첫눈이 평안함을 가져다주었다. 어머님의 선물인가보다. 여전히 내리는 함박눈! 어머님 성품처럼 포근하고 따스함으로 스며들었다.

늙어서 그런가 봐

　방학이지만 손자들은 짜인 시간대로 각자 일을 하고 있었다. 학교 다니는 것 이상으로 분주했다. 축구, 수영, 학원 등 시간표대로 잘 지켰다. 가끔 내려와 보는 것이지만 어린것들이 대견스러웠다. 직장을 다니고 있는 엄마의 빈자리에 어색함이 없었다. 한 살 두 살 터울의 삼 남매가 야무지고 반듯했다. 한참 어리광부릴 초등학생들이었다. 엄마가 챙겨주어도 힘들 시기다. 하지만 첫째를 중심으로 자신들이 해야 할 일들을 잘하고 있었다. 스스로 하는 아이들의 생활이 서툴지 않았다. 엄마의 철학인지는 모르나 가사도우미 없이 생활했던 것이 아이들에게까지 도움이 된 것 같았다. 저희끼리의 생활이 자연스럽고 서툴지 않았다. 가끔 와서 보는 것이지만 흐트러짐이 없었다.
　겨울과 여름, 방학이 되면 엄마의 마음은 무거웠다. 직장에도 방학이 있으면 어떨까 싶은 마음까지 들었다. 새벽부터 서두르는 엄마, 아이들은 깊은 잠에 빠져있다. 출근과 아이들과 갈등이 수없이 반복된다. 몇 시에 일어나고 몇 시에 밥을 먹어야 한다며 깨알 같은 시간표를 짰다. 거실과 주방 등 보이는 곳마다 시간표를 붙였다. 귀가 닳도록 반복하고 또 확인해야 했다. 직장에 가서도 확인을 해야 했다. 일어날 시간에 전화하고, 밥 먹을 시간에도 전화하고 확인하고, 수 없는 반복으로 아이들은 이제 익숙해졌다. 스스로 할 힘이 생겼다. 저희끼리 때에 맞춰 밥을 먹고 공부하고, 오고 가는 학원, 모두 스스로 하고 있다. 가끔은 삐그덕거리는 불협화음도 일어났다. 그래도 첫째를 중심으로 잘하고 있다. 엄마의 직장과 가사, 아이들의 짐이 조금씩 덜어지고 있다. 막내에게는 한두 살 위인 누나들이 엄마인 셈이다. 가끔 학원도 싫어하고 방학 숙제도 하지 않으려 했다. 컴퓨터게임과 유튜브 보는 것을 좋아하는 막내다. 그것은 밤을 새워서라도 하려고 했다. 내게는 귀한 손자다. 공부에 열심을 내면 좋겠는데 쉽지 않았다. 게임을 자제해 주었으면 좋겠다. 아직 어린 티를 벗지 못해 걱정이다. 나는 누나들에게 동생과 많이 놀아줄 걸 부탁하곤 하였다. 컴퓨터에 몰입하지 않도록, 생각을 돌려주고 싶어서였다. 누나들도 동생을 알기에 쾌히 따라 주었다.

  집에는 애들이 함께 놀 수 있는 놀이기구들이 많았다. 오늘도 학원에서 돌아온 누나들은 컴퓨터에 앉아 있는 막내를 불러냈다. 컴퓨터 앞을 뜨기 싫어 발을 지척지척 끌고 왔다. 자유롭게 풀을 뜯던 망아지가 끌려오는 모양새였다. 세 남매가 둘러앉아 보드게임을 시작하였다. 처음에는 억지로 하는 듯했지만, 시간이 지나면서 재미있어했다. 누나들과 어울려 즐기는 막내가 사랑스러웠다. 손자들의 승부욕은 대단했다. 세 남매의 놀이판은 절정이었다. 소리가 커지고 엉덩이가 들썩였다. 막내의 소리가 점점 높아졌다. 지나친 것 아닌가 싶어 걱정되었다. 아니나 다를까 막내가 반칙한 것 같았다. 누나들과 옥신각신 언쟁이 붙었다. 염려가 많이 되었으나 눈치만 보고 있었다. 막내가 벌떡 일어나 두 주먹을 불끈 쥐었다. 큰 누나에게 소리를 버럭 질렀다. 큰 누나 역시 질세라 동생을 쏘아보았다. 한눈에 집어넣을 것처럼 매서운 눈초리였다. 내가 끼어들 사이도 없이 둘째가 막내 앞을 막아서며 소리쳤다. "잘못한 것은 너잖아." 왜 누나한테 그래, 하며 동생을 몰아세웠다. 누나들에게 몰린 막내는 문을 쾅 닫고 제 방으로 들어갔다.

　누나들은 학교나 집에서나 칭찬을 받는 편이었고 모범생에 속했다. 하지만, 막내는 장난이 심하고 개구쟁이라는 호칭이 따랐다. 엄마 아빠가 퇴근하면 말할 것 같아 걱정되었다. 누나들을 타일러야 할 것 같았다. 뿌루퉁하고 있는 두 손녀에게 다가가 말했다. "누나들이 함께 몰아세우면 되겠냐." 동생이 몰매 당하는 기분이 들었겠다며 질책하듯 말했다. 상황은 뜻하지 않게 커졌다. 큰손녀가 똑바로 나를 쳐다보았다. 둘째도 어이없다는 듯, 나를 빤히 보고 있었다. 할머니가 도연이 편만 드니까 버릇이 없다고 앙칼지게 말했다. 할머니가 계시면 함부로 한다고 했다. 예상치 못한 두 손녀의 태도에 나는 할 말을 잃었다. 섭섭함에 눈물이 쏟아질 것 같았다. 그 자리에 있을 수가 없었다. 화장실로 들어갔다. 눈물이 쏟아졌다. 소리가 들릴 것 같아 문을 잠그고 수도꼭지를 틀었다. 언제부터 이렇게 많은 눈물이 있었는지. 사랑을 준 것만큼 서운함도 큰 것 같았다. 예뻐하기만 했는데, 하는 생각이 들며 눈물이 펑펑 쏟아졌다. 손녀들은 예상 못 한 할머니 태도에 놀라 불안해하고 있었다. 마음이 여린 아이들이다. "할머니, 할머니 잘못했어요."

연거푸 문을 두드렸다. 나는 부끄럽고 미안했다. 문을 열지도 못하고 헛기침만 했다. "그래 나갈게"라고 대답은 했으나 눈물이 멈추지 않았다. 찬물로 얼굴을 수차례 씻었다. 두 손녀는 할머니를 계속 부르며 잘못했다고 했다. 나는 더 이상 버틸 수가 없었다. 마음을 가다듬고 화장실에서 나왔다. 두 손녀는 겁먹은 표정들이었다.

애교쟁이 둘째가 와락 내 가슴에 머리를 묻고 흐느꼈다. "할머니 미안해."라고 해 나는 손녀를 감싸며 "할머니가 늙어서 그런가 봐"라고 말했다. 내성적인 큰손녀는 머리를 푹 숙이고 울고 서 있었다. 다가가서 꼭 안아주며 "괜찮아." 하고 등을 두드려 주었다 두 손녀의 어깨를 다시 한번 보듬어주고 막내 방으로 들어갔다. 책상에 엎드려 있다. 말없이 꼭 안았다. "모두 나만 싫어해."라며 더욱 큰 소리로 울었다. 아기 같은 손자다.

손자들을 뒤로하고 우리 부부는 서울로 왔다. 저녁에 손자들에게서 전화가 왔다. 할머니가 없어서 심심하다고. 언제 올 것이냐고 묻는다. 여전히 순진하고 예쁜 손자들이 눈에 밟히고 보고 싶었다.

'할머니가 늙어서 그런가 봐'

책 읽는 셋째 댁

그녀는 젊어서부터 늙기까지 책 읽기를 좋아했다. 어릴 적 어렵게 배운 글은 마지막 조선 시대를 살아가는 여인들과 함께하는 삶이 되었다. 옛 시골의 일상은 사시사철 바쁜 생활이었다. 특히 여인들의 삶이란 밤낮 없이 일에 묻혀 살았다. 그런데 이 마을에 작은 변화가 일어나기 시작하였다. 농번기가 지나고 농한기가 되면서 아낙들이 가사 일이 아닌 것에 분주해졌다.

그녀의 책 읽는 소리에 아낙들 마음이 끌렸기 때문이다. 이웃과 마을 대부분은 일가친척들이었다. 서로는 모두 편하고 가까운 사이였다. 같은 성씨가 모여 사는 집성촌이니 흉허물없이 살아가고 있었다. 네 집, 내 집, 농사일은 물론 가정의 대소사까지 협력하며 살아가는 일가친척들이었다. 바쁜 농사철이 지나고 농한기가 되면서 여인들은 이야기책 읽기와 듣기로 바빠졌다.

 책을 읽는 곳은 주로 그녀의 집이었다. 날이 가면서 남편의 눈치가 보여 이웃으로 불려가서 읽는 일이 잦아졌다. 마을 아낙들은 일찌감치 저녁을 해 먹고 그녀를 중심으로 모였다. 그녀가 읽는 책들은 지금의 전래동화, 당시에는 얘기책이라 했다. 춘향전, 흥부전, 심청전, 구운몽, 홍길동전, 장화홍련전 등이 주였다.

 해가 떨어진 지 얼마 되지 않은 초저녁, 아낙들은 치마폭에 간식을 싸 들고 모여들었다. 그들은 둘러앉아 그녀를 기다렸다. 시집와서 오랫동안 아이가 없었던 그녀의 남편은 오 형제 중 셋째로, 셋째의 아내인 그녀는 셋째 댁으로 불렸다. 아낙들은 등잔불을 중심으로 그녀를 기다렸다. 그녀가 등장하면 치마폭에 싸 온 간식들을 펴 놓고 이야기가 펼쳐졌다. 들었던 이야기에 입 다투어 한마디씩 보탰다. 그다음 본격적으로 책 읽기가 시작되는 것이다. 새로운 책으로 바꾸어가며 읽는 것도 아니었다. 읽었던 책을 수없이 반복하여 읽는 것이 보통이다. 하지만 여전히 좋아하고 새로운 것처럼 들었다. 등잔 밑에 둘러앉은 아낙들은 그녀의 책 읽는 소리! 낭랑한 소리에 빠져들었다. 그들은 각자 자기들이 주인공이 된듯 싶었다. 대목마다 어투와 억양이 달랐다. 강하게 여리게 높고 낮게, 구성지고 슬프게, 감정이 담긴 소리에 더욱 매료되었다. 때로는 박장대소를 하며 배를 쥐고 웃었다. 슬픈 이야기에서는 자기 설움도 함께였는지 치맛자락에 연신 눈물을 훔쳐 내렸다. 사나운 계모는 사납게, 시집살이를 시키는 시누이 이야기는 얄밉게, 상황에 맞추어 듣는 이로 하여금 감정에 흠뻑 빠져들게 하였다. 도적놈, 한량 등과 아낙들은 책 속으로 들어갔다. 상전과 하인, 무슨 역이든 적절한 감정을 이입하여 읽었다.

처음에는 집안 어른들의 눈총이 곱지 않았지만, 시간이 지나가면서 자랑스럽다고 했다. 아버지의 형제들은 물론이고 마을 어른들의 총애까지 받게 되었다. 가끔 이야기책을 사다 주기도 하였다. 그녀 또한 이야기책을 사기 위해 떡을 만들어 고랑포 시장에 가서 팔았다. 많은 책을 사고 소중하게 보관하였다.

그녀는 전쟁의 소용돌이, 피난 세월에서도 책과 함께하였다. 피난민 수용소에서 고향을 그리는 피난민들과 자신에게, 이야기책은 위로가 되었고 힘과 용기를 주었다. 그녀가 책을 읽을 수 있었던 것은 평범하지 않은 한글 익히기로 시작되었다.

그녀는 구한말, 지금의 마포 아현동에서 출생했다. 양반집 가문에 아들이 없는 딸 셋 중 막내딸이었다. 당시 여자는 살림 잘하고 얌전한 것이 최고의 여인이었고 일등 신붓감이었다. 반듯한 집으로 시집가서 아들딸 낳고 잘 사는 것만이 바람직한 여인상이었다.

당시에 언문을 가르치는 공민학교가 있었다. 옆집 친구는 공민학교를 다녔다. 그녀는 옆집 친구가 부러웠다. 그녀도 학교에 가고 싶었다. 엄마에게 졸랐으나 헛일이었다. 여자가 밖으로 나돌면 절대로 안 된다는 이유였다. 더욱 할머니의 반대가 심했다. 양반 중 양반이라면서 글은 가르치지 않았다. 어머니께 떼를 쓰며 졸랐지만 소용없었다. 그럴 때마다 호랑이 같은 할머니는 눈을 치켜뜨고 호통을 쳤다. 소리 지르고 꾸짖는 것보다 무서운 눈초리에 주눅이 들곤 하였다.

옆집 친구는 학교에 다니기 싫다고 하였다. 아침마다 울면서 학교에 갔다. 동네에서 학교 가는 사람은 자신뿐이라며 어머니에게 안 간다고 떼를 썼다. 하지만 그의 부모님은 친구의 말을 들어주지 않았다. 그녀와 친구는 꾀를 내었나. 친구가 그녀에게 책을 주며 나 대신 학교에 가 달라고 했다. 가까운 거리가 아니었다. 그녀는 멀어도 학교 간다는 것이 좋았다. 꿈에 그리던 학교에 가게 되었다. 친구는 학교에 가지 않아 좋았고, 그녀는 학교에 갈 수 있어서 좋았다. 둘은 더 이상 바랄 것이 없었다. 그녀는 매일 친구의 책보를 받아 서강을 향해 달음질했다. 마포에서 서강은 가까운 거리가 아니었다. 두어 시간의 거리였지만 그녀는 한 시간이면 충분했다. 글을 배우는 그녀는 매일 즐겁고 행복했다. 선생님의 칭찬에 그녀는 하늘을 나는 것 같았다. 친구의 마음이 변할까 봐 심부름을 해주기도 했다. 이렇게 둘의 생활은 이어졌다. 한 달이 될 즈음 그녀는 언문을 다 깨우쳤다. 선생님께서 책을 읽으라면 술술 읽었다. 선생님의 칭찬과 사랑을 듬뿍 받았다. 글을 배우는 것도 좋은데 선생님 칭찬은 세상을 다 얻은 기분이었다.

한 여인의 도둑 공부로, 등잔불 아래 둘러앉아 책을 읽고, 그 소리에 귀 기울이며 소소한 행복을 누리는 여인들! 한 폭의 그림이 아닐까?

* 이 글의 '그녀'는 나의 어머니이심을 밝힌다.

요즘 세상

"눈뜨고 코 베인다."라는 말은 옛말만은 아닌 것 같았다. 우주를 오가는 이 시대에도 여전히 눈뜨고 코 베이는 세상이다. 아니 더 심한 것 같았다. 내가 어릴 때는 짐짝처럼 많은 사람을 태운 버스 안에서나 시장에서 흔히 일어나는 사건들이었다. 주머니나 가방에서 감쪽같이 빼가는 쓰리꾼, 날치기가 고도의 도둑이라고 생각했다. 그런 이야기를 들을 때마다 혀를 차며 눈뜨고 코 베이는 세상이란 말을 했다.

이 시대에 그런 것은 아이들 소꿉장난이란다. 보이스피싱, 사기 단어와 뜻조차 모르는 말이 일상어처럼 오가는 시대가 되었다. 어릴 때 듣던 쓰리꾼, 소매치기, 도둑이란 말은 듣기도 어려웠다. 근래에는 보이스피싱 사기가 하도 심하니 조심하라는 문자가 핸드폰에도 띄어주고 텔레비전에서도 조심하라는 광고와 대처하는 방법을 가르쳐 주고 있다.

　억양이나 어투가 이상하면 의심을 할 수도 있겠지만, 그런 것도 아니었다. 젊고 똑똑한 사람들이 상상할 수 없는 큰 피해를 보고 있었다. 처음에는 순수한 자신의 돈을 투자하고, 그 돈을 찾기 위해 남의 돈을 넣고 넣다가 자신도 무서운 범죄에 휘말린다고 하였다. 결국, 돈은커녕 감옥 신세가 되는 것을 볼 수 있었다. 수사기관에서도 감지할 수 없는 고차원적인 수법에 혀를 찬다고 하였다. 걸리면 누구도 예외가 없단다. 무서운 세상이다. 열 번 찍어 안 넘어가는 나무가 없다고 하는데, 나에게도 놀란 일이 일어났다.

　젊은 여자의 전화였다. 다급한 것 같았지만 조심스럽게 말했다. 내 아들의 이름을 대며 ㅇㅇ 댁이지요? 하고 물어왔다. 당연히 내 아들 이름이었으니 맞다고 했다. 아들임을 확인한 그 여자는 친절하게, 나를 안심시키며 놀리지 말라고 했다. 왜 그러느냐 다그치듯 재촉하니 아들이 큰 사고가 났다고 하였다. 그는 전화를 바꿔 드릴게요, 하며 아들에게 전화기를 바꾸었다. 신음이 들렸다. 큰 사고가 났다고 했는데, 정말 큰 사고가 났음을 직감할 수 있었다. 아들의 이름을 큰 소리로 불렀다. 곧 죽어가는 소리로 들릴락 말락 작은 소리로, 엄마~ 어~ 뿐이었다. 놀란 나는 무슨 사고냐고 다그쳐 물었다. 여전히 들릴락 말락 여린 소리는 '엄' 자만 정확했다. 엄~~마 ~ 하고 숨이 멎어가는 것 같았다. 말을 이어가지 못했다. 가녀린 신음으로만 들렸다. 놀란 나는 말

요즘 세상

문이 막혔다. 갑자기 당한 일에 어떤 말도 할 수 없었다. 아들 신음에 "야, 야, 정신 차려"라고 소리쳤다. 아무 말도 못 하고 으음 신음뿐이었다. 내 심장이 먼저 멎을 것 같았다. 나도 모르게 수화기를 놓았다. 아차, 싶어 다시 수화기를 들었으나 전화번호를 알 수가 없었다. 집 전화로 왔으니 전화번호를 확인할 수가 없었다. 앞이 캄캄했다. 어떻게 해야 할지 막막했다.

나는 정신을 차리고 아들 핸드폰으로 전화를 했다. 아들은 받지 않았다. 정말 큰 일이 났다고 확인한 것이 되었다. 전신이 굳어지는 것 같았다. 헉헉 숨이 막혔다. 나는 숨을 몰아쉬며 이번에는 며느리에게 전화를 걸었다. 며느리는 내 숨소리와 어투에 놀라서 "어머니 왜 그러세요? 어머니 왜 그러세요?" 반복하며 다그쳐 물었다. 천천히 말하라고 하였다. 나는 울음이 터졌다. 큰소리로 아들 이름을 반복해 불렀다. 며느리는 어이없다는 듯 "왜요? 왜요?" 반복해 물었다. 지금 진료 중이잖아요, 하는 것이었다. 나는 진료 중이란 말에 울음은 통곡이 되었다. 놀람과 안도의 마음이 동시에 일어 알 수 없는 괴음을 내며 소리쳐 울었다.

평소 진료시간에는 내가 전화를 하지 않는다는 것을 알기 때문에 오히려 며느리가 더 놀란 것이었다. 무슨 일이냐고 다그쳐 물었다. 나는 며느리의 말은 들리지 않았다. "사고 났냐?" 일방적으로 내 말만 하였다. 며느리는 머뭇거림도 없이 "아뇨, 지금 진료하고 있는데요. 사고라니요? 저도 진료하고 잠깐 2층에 올라왔어요." 하였다.

순간 머리를 맞은 것 같았다. 무섭고 두려웠던 무엇인가가 터지는 것 같았다. 숨이 꽉 막혔다. 말이 안 나왔다. 으윽, 신음 같은 괴음만 터졌다. 나는 가슴을 움켜잡고 절절매며 떨고 있었다. 며느리는 연거푸 어머니를 부르며 진정하시라고 소리를 쳤다. 나 자신도 왜 이러는지 생각은 하는데, 내 의지대로 마음의 안정을 찾을 수가 없었다.

어린애처럼 또 엉엉 울었다. 아비가 잘못된 줄 알았다고, 자초지종을 설명하였다. 아무 일 없고 환자 치료에 열중하며 잘 있다고 하였다. 며느리로부터 아무 일 없음을 확인하고야 안정을 찾을 수 있었다.

가족 카톡방에 며느리의 글이 올라왔다. 어머니가 많이 놀라서 불안해하고 계신다고. 자녀들과 손자들의 빗발치는 전화벨이 이어졌다. "엄마 잘하셨어요."

날이 갈수록 도둑질도 지능적으로 하니 걱정이란다. 우리나라의 사기범죄가 세계 1위라니, (보이스피싱, 사기범죄, 전세 사기, 주가 조작) 슬픈 일 아닌가? '자식이 뭐길래.'

열품타 빛이 비추다

　핸드폰에 빠진 손자들이 미웠다. 핸드폰에 무슨 마법이라도 있는 양 어른과 아이, 때와 장소, 상관이 없었다. 한번 몰입하면 끝이 보이지 않았다. 지하철, 버스, 시간과 공간에도 관계없다. 남녀노소 눈을 떼지 못했다. 내 손자들만은 안 그러길 바랐지만 똑같았다. 오히려 시대에 뒤진 할머니라고 가르치려 했다. 세상은 날마다 변하고 있는데 옛것에서 벗어나지 못하는 할머니를 우리가 따라야만 하는 것이냐고 따지기도 했다. 섭섭하고 야속한 생각에 버릇없는 것은 부모 탓이라고 핀잔을 주었다.
　이번 코로나 19로 내 생각과 생활에도 많은 변화가 생겼다. 아이들이 학교에 못 가고 외출도 못 하는 상황이 되었다. 학생을 둔 엄마들의 걱정은 대단했다. 나의 열한 명의 손자 중 군 복무 중인 한 명을 빼고 열 명의 학생이 모두 방콕 생활이었다. 학교에 못 가고 있으니 서울이나 지방이나 이 집이나 저 집이나 모두 같은 처지였다. 뉘 집 아이들이나, 크나 작으나 빈둥거리는 일이 일상이었다. 핸드폰 굴레에서 벗어나지 못하는 현실이었다. 그 생활에 하루하루 익숙해가니 습관처럼 되어갔다.

  가끔 책상 앞에 앉아 있는 것을 보면 반가워 공부를 하는구나 하고 칭찬이라도 해주고 싶어, 어깨너머로 살짝 넘겨보면 실망이다. 핸드폰에 몰입하고 있는 것이었다. 유튜브나 게임에 빠져있었다. 차라리 안 보았으면 좋았을 것을, 눈앞에서 그러고 있는 것을 보니 죽을 맛이었다. 집마다 부모들의 걱정과 고민은 날이 갈수록 더해갔다. 나는 한 치 거른 할머니이니 부모들 마음이야 오죽하랴. 아이들과 있을 수도 없고 직장을 쉴 수도 없는 일이었다. 세 딸과 며느리는 짬이 나는 대로 애들 문제로 입을 모아 토로하고 있었다.

  겨울방학에 이어 개학을 했지만, 학생들은 여전히 학교에 갈 수 없었다. 집에 있어야 하는 상황이었다. 덩치도 커다란 녀석들이다. 여자, 남자, 다를 바가 없었다. 이 방 저 방에서 뒹굴고 있는 것을 보는 부모의 속은 타들어 갔다. 부모가 출근하고 없으니 완전히 방치된 자유인들이 되었다. 오늘이나 내일은 끝이 나겠지 했지만 한 달이 가고 두 달이 지나도 길은 보이지 않았다. 이러한 시간이 길어져 가고 있으니 부모들은 고민으로만 끝낼 일이 아니었다. 다자녀를 가진 부모들의 고민은 말할 수 없었다. 앞으로 학교 수업을 어떻게 이어 갈 수 있을지? 걱정들이 대단했다. 퇴근 후 저녁마다 엄마들의 고민은 핸드폰으로 이어졌다.

그러던 중 대안으로, '열품타'라는 제안이 나왔다. 핸드폰을 이용하여 학업 효과를 높일 수 있는 좋은 방법이라고 하였다. 아들 집에서 한 주일 동안 며느리가 시험 삼아 해본 결과 괜찮았다는 제안이었다. 좋은 효과를 기대할만하다고 했다. 처음 해보는 것이었지만 아이들이 흥미롭게 할 수 있는 수업 방법이라고 하였다.

'열품타 스터디그룹'이란? 열정을 품은 타이머란 뜻이란다. 개개인의 공부시간을 측정할 수 있었고, 무언의 경쟁을 유도할 수 있는 좋은 방법이란다. 아이들 서로 누가 얼마나 책상에 앉아 공부에 집중하는지, 무슨 과목을 하는지도 확인할 수 있었다. 사촌형제들과 함께 하면 기대해볼 만하다고 했다. 사촌들과 어울리기를 좋아하고 함께 놀기를 좋아하는 애들이니 더욱 기대된다고 했다. 거리가 멀어 만나기 힘들었고 일 년에 두세 번 만나는 것을 늘 아쉬워했다. 이런 기회에 사촌들과 대화도 하고 공부하는 선의의 경쟁도 부추길 수 있다니, 방법도 간단했다. 핸드폰 하나면 되는 것이었다. 핸드폰이 없으면 아이패드를 사용해도 된다고 했다.

네 집의 아이들, 열한 명 모두가 대찬성이었다. 부모들은 당연히 찬성이다. 드디어 아이들의 스터디그룹이 만들어졌다. 엄마, 아빠들까지 합세하니 대그룹이 되었다. 중요한 시험 준비를 하는 엄마, 짬짬이 책을 보려 해도 쉽지 않았던 엄마 아빠들이었다. 자녀들과 함께 책을 볼 수 있으니 큰 호제를 만났다고 했다.

이십여 명의 적지 않은 스터디그룹이 되었다. 아이들 열정에 엄마들이 살맛이 난다고 법석을 떨었다. 핸드폰을 열어 '열품타' 앱에 들어가면 아이들이 한눈에 들어오니 신경 쓸 필요가 없었다. 애들의 눈치 볼 일도 없었다.

아이들은 서로 자존심 문제라고 책상을 떠나지 않았다. 정말 예전에 볼 수 없었던 진풍경이었다. 퇴근 후 저녁이면 어른들이 또 합세하였다. 멋진 열정들이었다. 학생들에게는 매일의 기본 시간이 정해졌다. 초등학생은 네 시간, 중학생은 다섯 시간, 고등학생은 여덟 시간으로 월요일부터 금요일까지, 기본을 성실하게 한 사람에게는 주말에 아이스크림이 배달되었다. 기본 시간 이상을 하면 천 원씩 정립을 해주었다. 기본 시간 외 최장 시간을 기록한 사람에게는 두 몫의 아이스크림이 배달되었다. 숫자가 많다 보니 적지 않은 자금이 필요했다. 애들의 경쟁은 갈수록 치열해졌다. 자신들이 시간을 보면서 스스로 공부하는 것에 뿌듯함을 느꼈다. 저학년일수록 적극적이었다. 아이스크림 받는 것과 상금의 효과도 큰 몫을 해주었다.

나도 끼고 싶었다. 나는 후원자로 가입해달라고 했다. 대환영이었다. 후원자도 좋고 책을 보는 회원으로도 좋다고 했다. 그들의 환영은 내게 희망을 주는 격려의 함성이었다. 나도 목표를 세우고 시작을 하였다. 첫째, 성경 필사, 둘째, 한 달에 한두 편이라도 글쓰기, 셋째, 올해 읽기로 한 독서계획을 애들에게 공개했다. 나보다 손자들이 더 좋아하는 것 같았다. 나는 핸드폰 사용이 백치였다. 전화나 주고받는 것이 고작이었으니 말이다. 그동안 손자들에게 잔소리했던 것이 미안했다. 나의 핸드폰 실력을 아는 손자들이기에 세심히 잘 가르쳐 주었다. 반복이 필요하단다. 어려웠다. 핸드폰에 열품타 앱을 깔면 중고학생별 그룹이 나왔다. 우리는 가족 그룹이 별도로 만들어졌다.

  내 폰에도 앱을 깔았다. 해야 할 과목을 선택하고 일정을 기록했다. 손자들 앞에서 몇 번의 시험을 거친 후 혼자 할 수 있었다. 배운 순서대로 폰을 여니 홈 화면에 하얀색 네모가 보였다. 주황색 세모에 '열품타'라고 쓰여 있었다. 세모 모양을 살짝 터치하니 영 수 국 과목이 떴다. 그중 한 과목을 터치했다. 여러 개 의자가 뜨면서 불이 켜졌다. 의자 밑에는 개개인의 이름이 떴다. 불이 켜진 의자에 빛이 들어와 내 이름이 반짝였다. '곽경옥' 손자들과 함께 공부하는 할머니의 빛이었다.

어떤 웃음

 몇 년 전 담아놓은 매실액을 요긴하게 먹고 있다. 주방에서 찬을 만들 때 많이 사용한다. 단맛 신맛이 필요할 때, 잡내를 제거할 때, 김치 할 때, 고기를 잴 때 생선조림 등 거의 단골로 사용하고 있다. 식사 후 후식으로도 괜찮았다. 간단하고 편리한 이유도 있지만, 양이 많아서 소비할 목적이기도 하다. 탄산수에 매실액을 희석하여 먹으면, 몸에 유익한 최고의 탄산음료가 된다. 다자녀를 둔 세 딸은 아이들에게 이것을 주어 탄산음료로 대치하는데 돈도 절약되고 건강에도 좋아 한몫을 하고 있단다.
 약용으로도 다방면에 쓰인다고 하여 인터넷을 찾아보았다. 매실에는 피크린산이라는 성분이 들어있다고 했다. 소화기관을 자극하여 소화액을 내보내 위액을 촉진하게 한단다. 그래서 식중독, 배탈, 소화불량, 위장 장애 완화 등에 큰 도움이 된다고 기록되어 있다. 피로 해소, 피부 미용, 간 보호, 변비 해소 등이 기록되어 있다. 동의보감에도 맛이 시고 독이 없으며 기를 내리고 가슴앓이를 없애고 마음을 편안하게 하고 근육과 맥박의 활기를 찾게 한다고 기록되었다고 했다. 예부터 민간요법으로 복통과 소화불량에 사용해 왔다고 어른들을 통해 들었다.

　여러 해 전 친구들과 하동 매화마을에 꽃 구경하러 갔다. 꽃이 예쁘고 열매도 필요할 것 같아 모종 네 그루를 사다 심었다. 사 년 후부터 조금씩 열리던 매실이 한해에는 대풍작이었다. 유난히 많이 달렸다. 처음 맺었을 때 솎아주지 않아 알이 잔 편이었다. 상품으로 파는 것도 아니니 시골 이웃에게 좀 나눠주고, 커다란 김칫독에 담고 서울 집에도 담았다.

　우리 부부는 매실차를 마시면서 한 차례씩 웃곤 한다. 웃으면 복이 온다고 도대체 누가 한 말이야? 웃다가 홀아비 되는 줄 알았다며 히죽히죽 웃는 남편. 놀란 값을 치르기 위해 열심히 먹어야 한다고 했다.

　논 가에 심긴 매실을 수확했다. 대 풍작이었다. 양이 많아 시골 언니 집에서 담기로 했다. 나눠주기를 좋아하는 언니, 담아서 이웃과 나누어 먹으면 좋겠다고 했다. 김장 할 때나 사용하는 커다란 고무통과 소쿠리가 동원되었다. 손질하는 것이 만만치 않았다. 남편에게 설탕을 사 오라고 부탁을 하였다. 잠시 후 남편이 설탕 1kg 두 봉지를 달랑달랑 들고 와서 우리 앞에 내밀었다. 산더미 같은 매실에 가당키나 한가? 매실과 설탕이 동량으로 넣는 것인데 말 한마디 못하고 나는 웃음이 터져 나왔다. 어처구니없었다. 배를 쥐고 웃었다. 옆에 있던 언니가 사 온 사람 민망하게 심하게 웃는다고 핀잔을 하였다. 하지만 웃음을 멈출 수가 없었다. 멈추려 했지만 멈춰지지 않았다. 가슴을 움켜잡고 웃었다. 가슴이 아프고 답답해 왔다. 내 의지로 멈춰지지 않았다. 평소 잘 웃는 편도 아닌 나였다. 소리 내어 간간대소街街大笑는 더욱 아닌 성품이었다. 나는 참으려 했지만 계속 웃음이 이어졌다. 가슴이 조이고 아파 왔다. 점점 입 밖으로 나는 소리는 작아지지만, 속에서는 계속 웃고 있었다. 웃음보다 신음이 맞을 것 같았다. 분명 웃음이 아닌, 죽음 직전의 신음이었다. 참으려 하지만 참지 못하는 웃음, 남편은 어이없다는 듯 왜 그러냐고 다그치며 소리쳤다. 함께한 언니가 놀랐다. 정신 차리라고 소리쳤다. 귀로는 들렸다. 내 의지로는 어찌할 수 없었다. 죽는다고 말하고 싶었으나 그것도 생각뿐이었다. 작아지는 신음과 숨이 멎는 것을 느낄 수 있었다. 가슴에 쥐어짜는 압박을 느끼며 의식을 잃었다. 119 구급대가 오고 사람들이 웅성거렸다. 바로 깨어났다. 여자 구급대원이 혈압과 열을 체크했는데 정상이란다. 놀란 남편에게 과정을 물었다. 남편은 매실을 씻으며 있었던 일을 말했다. 119 소리에 놀란 이웃들도 입가에 웃음이 번졌다. 구급대원의 병원 권유를 거절하고 우황청수만 한 병을 먹고, 그 많은 매실을 모두 담갔다.

    웃음에 대해 알아보았다. 사람의 웃는 얼굴은 햇빛과 같다고 했다. 웃음이 우리 인간에게 주는 도움은 셀 수 없이 많았다. 심장, 뇌뿐만이 아니라 인체 어디에나 유익을 준다고 했다. "웃지 않는 청년은 야만인이요. 웃지 않는 노인은 바보다."라는 말도 있다. 웃음은 만물의 영장인 사람만이 누릴 수 있는 표현상의 특권이라고도 했다. 잘 웃지 않는 사람을 위해 웃음 치료사까지 있는 시대다. 하하하, 호호호, 깔깔깔, 간간대소, 고소, 홍소, 냉소, 조소, 실소 등 참으로 종류도 많고, 모양도 소리도 다양했다. 웃음이 좋지 않다는 말은 없었다. 눈가와 입가에 주름이 조금 생긴다는 말 외에는 찾지 못했다. 그렇다면 과연 좋기만 한 것이 맞는가!

 매실도 좋은 것이고 웃음도 좋은 것이다. 하지만 적절한 선에서일 것이다. 선을 넘는 것은 좋은 것이라도 독이 될 수 있다. 귀한 교훈을 내게 준 매실, 오늘도 웃으며 우리 가족은 즐겨 먹고 있다.

배려 配慮

    고택처럼 보이는 담장 너머로 단감나무 한그루가 보였다. 대문을 열고 들어가니 잔디로 깔린 넓은 마당이 한 눈으로 들어왔다. 우측에는 나이 먹은 커다란 동백나무 한 그루가 서 있었다. 꽃망울이 볼록볼록해 금방이라도 터질 것 같았다. 옆 담장을 따라 크고 작은 꽃나무들이 있었다. 좌측 돌담 옆으로, 우리가 목표하고 찾아온 감나무가 돋보였다. 다닥다닥 붙은 감 무게로 나뭇가지가 찢어질 것 같았다. 키는 작지만 오래 묵은 나무임을 알 수 있었다. 위에서 계속 전지를 하여 나지막했지만, 둥치가 크고 가지가 많았다. 감의 무게로 축축 늘어진 가지가 마치 수양버들 같았다. 큼직큼직하고 잘 익은 단감은 보암직하고 먹음직했다. 입맛을 돋우었다. 얼마 전 아들이 마련한 고택의 모습이었다. 이

감을 따려고 우리 부부가 서울에서 내려온 것이다. 아들은 바다 구경도 하고 감도 따자고 했다. 운치 있는 고택, 자연과 같은 정원을 보여주고 싶었나 보다. 전화하고 사진을 찍어 폰에 올리곤 하였다.

나는 바다를 좋아했다. 바닷가에 가면 물놀이도 좋지만, 고동, 조개, 홍합 등 잡는 것을 좋아했다. 산과 들에 가도 꽃잎 모으기, 단풍잎 줍기를 좋아했다. 책갈피에 끼워 말리고 말린 꽃잎을 카드로 만들어 주고 받는 것을 좋아했다. 그러한 내게 감을 따러 오라니 머뭇대지 않고 바로 내려온 것이었다.

가족들은 내게 어린애 같아서 아이들이 좋아한다고 했다. 사춘기 손자들, 유년기와 유아기 손자들도 나를 퍽 좋아했다. 오늘도 탐스럽게 달린 감을 보니 제 버릇 이디 기랴. 감나무에 올라가고 싶었다. 까치발을 하고 따는 것이 답답하고 마음에 차지 않았다. 감꼭지가 야무져서 배배 틀어도 떨어지지 않았다. 나무 자르는 전지가위로도 쉽지 않았다. 생각보다 감꼭지는 야무졌다. 까치발을 하고 매달려 꼭지를 따려다 놓으면 가지가 위로 튕겼다.

나는 나무 위로 올라갔다. 가지가 많아 생각보다 쉬웠다. 아래에서 보았던 것보다 아찔했다. 머리를 들어 하늘을 보았다. 드높은 창공, 파란 하늘에 뭉게구름이 바람결에 흘러갔다. 장관이었다. 감나무도 한눈에 들어왔다. 크고 잘생긴 감 몇 개가 새들의 공격을 받은 흔적이 있다. 아까운 생각에 하나를 따서 맛을 보았다. 유난히 달콤했다. 새들도 맛을 잘 아는 것 같았다. 아까워도 새들이 먹던 것은 새들 것이니 포기했다.

　나무 아래에서 남편이 사다리를 옮기며 투덜거렸다. 주워 담기나 하지 나무 위까지 올라간다고. 하지만 나를 잘 알기에 더는 말하지 않았다.

　아들 내외가 손자들을 데리고 몰려왔다. 개구쟁이들이 소리치며 법석을 떨었다. 감을 주워 담았다. 나도 내려와 아이들과 합세하였다. 아들이 나무 위로 올라갔다. 부자가 나무 위에서 따고 우리는 주워 담았다. 우리가 오기 전 한차례 따서 냉장고에 가득 저장했다는데 어쩌면 이렇게 많이 열렸는지. 성경 말씀처럼 삼십 배 육십 배 백배의 수확이었다.(신약성경 마가복음 4장 19절) 아니 그 이상이었다. 나무를 돌보아주지도 않았다는데 이렇게 많은 열매로 주인에게 기쁨을 주다니 저절로 감사가 나왔다. 자연의 섭리에 감사, 하나님의 돌보심에 감사, 농부들의 땀 흘리며 수고한 대가는 바로 이 풍요로움, 그 안에서 표출되는 것이 감사가 아닐까? 생각했다.

　"이제 다 되었지" 하며 남편이 나무 아래로 내려왔다. 나무 위를 둘러보았다. 아들도 내려왔다. 새들이 쪼아 놓은 것 빼고 다 땄다고 하였다. 그런데, 남편 따던 쪽으로 여러 개가 있었다. 나는 감 있는 곳을 가리켰다. 여러 개가 남았다고, 애들도 할아버지를 연이어 부르며 감이 남았다고 했다. 남편은 들은 척도 하지 않았다. 이번엔 며느리가 답답했는지 한마디 거들었다. "아버님! 저기 더 남았어요." 남편은 그제야 입을 열어 "알아. 그렇게 하는 거야" 했다. 며느리도 알아차렸나 보다. 작은 소리로 "네" 하며 수긍했다. 그제야 나도 까치밥으로 남겼음을 알았다. 소문난 구두쇠도 까치밥은 남기는구나, 생각하니 웃음이 나왔다. 상머리에서 밥알 하나라도 흘리거나 남기면 불호령이 떨어졌다. 한 알 흘리면 '앉아 일어서 열 번의 벌칙'이 세워진 우리 집이었다.

우리는 딴 감을 차에 싣고, 나무 밑을 정리한 후 모두 차에 올랐다. 집으로 오는 길에 손자들이 물었다. 할아버지는 왜 감을 안 따고 남겼지? 나는 옛 어른들에게 들었던 이야기를 해주었다.

"농부가 씨를 뿌릴 때는 세 개를 넣지"

하나는 새를 위한 것, 날짐승들을 위한 것임을 설명했다. 또 하나는 벌레를 위해서, 땅속의 것들을 위한 것이란다. 또 하나는 씨 뿌린 사람의 몫이라고 덧붙였다.

"그래서 할아버지는 새의 몫을 남겨두신 거야"

성경에 보면 추수를 할 때는 밭 귀퉁이를 다 베지 않고 남겨 놓았다. 한 움큼씩 밭에 던져 놓기도 하였다.(구약성경 룻기 2장 16절) 가난한 자를 직접 도와줄 수도 있지만, 그들의 자존심을 상하지 않으려 배려하는 마음이었다. 지금도 이 같은 아름다운 마음들을 매체를 통해 볼 수 있다. 말로만 하는 나는 아닌지? 자신을 돌아보게 되었다. 홀로 계신 어르신들, 고달프고 힘겨워 외로운 이웃, 그들의 이웃으로 살아갈 수 있기를 바란다. '나와 내 자녀들이'

맞고 때리는 책 읽기

　열 살짜리 손자와 함께 그림 동화책을 읽었다. 녀석은 동화책보다 만화책 읽기를 좋아했다. 제 부모들은 동화책 읽기를 권하지만 고집불통이다. 어르고 달래서 조금씩 읽히지만 내 마음에 들지 않았다. 만화책에 빠지면 밥 먹는 것도 잊고 킥킥거리며 소리를 지르고 깊이 빠져들곤 했다. 반면에 동화책 앞에서는 몸을 비비 틀고 마지못해 읽었다. 동화책을 읽으면 교과 공부에 도움이 될 것 같았지만 쉽지 않았다. 손자를 잘 아는 아들은 늘 걱정이었다. 오늘도 아침에 외출하면서 동화책 다섯 권을 손자에게 내밀었다. 손자는 받으려 하지 않고 몸을 비비 틀었다. 아들은 손자 앞에 툭 던지듯 놓았다.
　"오늘 이거 다 읽어. 제목, 줄거리, 느낌을 써 놓아"

통명스럽게 한마디 하고 나갔다. 양이 많은 것 같았다. 시작도 하기 전에 손자는 마음이 싱했다. 아빠의 어투와 여러 권의 책에 마음이 틀어졌다. 나는 이 상황을 어찌 대처할지 고민이 되었다. 손자에게 적절한 동화책을 골라 놓고 간 것 같았으나 손자의 표정에 걱정이 앞섰다. 이제부터는 나의 몫이기 때문이다. 손자는 만만한 내게 골을 부리며 읽지 않겠다고 했다. 투정 부리는 손자가 안쓰러웠지만 달래야 했다. 우선 내 마음부터 평정을 찾아야 할 것 같았다. 나와 함께 읽자고 말을 건넸다. 너 한쪽, 나 한쪽, 읽어보자고 했다. 그러면 반으로 줄어드는 것이라고 설득을 하였다. 약간 수긍을 하는 듯했다. 잠시 후, 무슨 생각을 했는지 너무 많아서 읽지 않겠다고 통명스럽게 한마디 했다. 나는 다시 달래보았다.

"읽는 데까지 읽어보자. 다 못 읽어도 할머니가 아빠한테 잘 말할 테니"

아예 안 읽으면 진짜 혼날 것이라고 했다. 이렇게 손자를 달래며 책 읽기가 시작되었다. 쉬엄쉬엄 읽으니 다행히 잘 읽어갔다. 하지만 손자는 빨리 끝내려고 숨도 안 쉬고 읽어갔다. 만화책 읽는 것처럼 단어와 문장 끝부분을 마음대로 만들어서 읽었다. 한두 번 지적하였으나 소용이 없었다. 궁리 끝에 방법을 생각했다. 누구든 글자를 틀리게 읽으면 꿀밤 한 대씩 맞기로 하자고 하였다. 손자는 잠시 머뭇거리더니 좋다고 했다. 재미있겠다며 히죽히죽 웃었다. 손자와 나의 맞고 때리는 책 읽기가 시작되었다. 정신 차리고 집중하여 읽었다. 틀리지 않으려고 애를 썼다. 내가 틀리면 잽싸게 딱 밤, 꿀밤 한 대가 날아왔다. 내가 깜짝 놀라며 "아야" 하고 소리쳤다. 남자라 그런가. 어려도 손가락 힘이 매서웠다. 내가 아파하면 손자는 호들갑을 떨며 좋아했다. 승자의 쾌거일까! 효과가 괜찮았다. 나는 손자가 귀여워서 웃었고, 손자는 할머니 골려주는 것이 재미있다고 웃었다. 의외로 즐기면서 읽을 수 있어 다행이었다. 손자는 글자를 틀리지 않으려고 신경을 쓰고 서둘지도 않았다. 내가 읽을 때도 글자를 자세히 보며 따라왔다. 내용을 잘 소화하는 것 같아 걱정을 덜었다. 책 이름, 내용, 느낌, 제 아빠가 시키고 간대로 제법 잘 정리해 주었다. 손자가 예뻤다. 잘한다고 칭찬을 아끼지 않았다.

그 책 중에 《오프라 윈프리 쇼》란 책이 있었다. 불우한 가정에서 태어난 흑인 여자아이 이야기였다. 오프라는 나면서부터 부모님이 키울 수 없어 외갓집에 맡겨졌다. 외갓집도 가난하여 오프라는 흑인가 빈민촌에서 살았다는 장면을 읽다가 손자가 갑자기 읽던 것을 멈추며 나에게 물었다.

"어떻게 엄마 아빠가 없는데 살 수 있어?"

믿어지지 않는다는 듯, 손자는 빤히 나를 바라보았다. 나는 별생각 없이, "할머니도 아빠가 없었어."

오프라가 사실이라는 것을 알려주려는 것이었다. 손자는 읽던 책을 중단하고 말없이 나를 바라보았다. 불쌍하게 보는 눈빛이었다. "왜요? 할머니 몇 살 때요?" 나는 별 느낌 없이 한 말이었지만 손자에게는 충격이 된 것 같았다. 나는 손가락 일곱을 가리켰다.

"일곱 살? 나보다 더 작을 때?" 더욱 놀란 것 같았다. 나를 바라보는 눈에는 눈물이 그렁그렁했다. 곧 쏟아질 것 같았다. 나는 감정을 추스르고 말했다.

"전쟁 때문이지"

읽던 책은 중단되고 이야기가 시작되었다. 한국 전쟁 때문이었고 그때부터 엄마랑 둘이서 살아야 했던 이야기, 많은 사람이 배고팠던 이야기, 미국과 여러 나라의 도움 받은 이야기도 했다. 너의 엄마 아빠가 어려운 나라에 가서 의료 봉사하고 오는 것도 강조했다. 오프라도 고생하며 어렵게 공부하여 훌륭한 사람이 된 것, 가난한 학생들에게 학교를 지어주고 공부하도록 도움 준 것, 집 없는 사람에게 집을 지어주는 사람이었던 책의 내용도 나누었다. 오프라는 무엇보다 어릴 때부터 책을 많이 읽었던 이야기를 나는 강조했다. 손자에게, 너도 오프라처럼 훌륭한 사람이 되었으면 좋겠다고 했다. 손자는 소리쳤다.

"난 축구 선수가 될 거예요. 좋은 일도 많이 할 거예요."

세상을 모르는 할머니는 운동보다 공부를 열심히 하여 오프라 같은 사람이 될 거라고 말하기를 기대했다. 하지만 속마음을 드러내지 않았다.

"그래 축구 선수, 그것도 좋지. 축구 선수도 책을 많이 읽어야 해. 그래야 지혜가 생기고, 지혜가 있어야 골을 잘 넣을 수 있거든."

역시 나는 애를 그쪽으로만 끌고 갔다. 아직 세상의 때가 묻지 않은 손자다.

"꼬마 축구 선수 파이팅!"
 손자와 나는 짠하고 손바닥을 마주쳤다. 오늘의 책 읽기, 손자와 맞고 때리기 책 읽기는 성공으로 봐야겠지!

막내야 부탁해

삼 일째 곡기를 끊고 누워만 있는 나의 어머니는 물만 받아넘기셨다. 지그시 눈을 감고 작은 숨소리뿐이었다. 아기가 잠을 자는 듯 흐트러짐 없는 편안한 모습으로 반듯하게 누워있다. 어머니와 헤어져야 할 시간이 가까워짐을 체감할 수 있어 안타깝다. 두 언니와 나는 밤낮 어머니 곁을 지키고 있었다. 일주일째 꼼짝 않고 미동조차 없다. 옆으로 누이면 싫다는 표정이다. 삼 일 전부터는 미음도 싫다고 머리를 저었다. 물로 입안을 적셔드리는 것이 다였다. 오늘은 두 언니가 아침 일찍부터 밖에서 무엇을 하는지 분주했다. 막내는 나이가 들어도 막내티를 벗어날 줄 모르는 것 같다. 나는 어머니 곁을 지키며 그동안 어머니 삶을 더듬어보았다. 걸음걸음 고생과 희생의 길이었다.

나는 어머니 곁을 떠나기 싫었다. 작은 동작 하나라도 놓치고 싶지 않았다. 어머니에게 해드릴 수 있는 것은 이제 아무것도 없다. 곁에 앉아 있는 것, 물끄러미 바라보며 입안에 물을 흘려 적셔드리는 것뿐이었다. 오물오물하는 입술의 작은 미동도 귀하고 소중했다.

"엄마, 우리 키우느라 고생 많았지. 고마워"

고마움을 표하고 싶었다. 전쟁과 피난, 한이 많은 세월, 어찌 다 말할 수 있으랴. 그래도 고생했단 말을 하지 않으신 분이다. 나는 어머니로부터 받은 것이 헤아릴 수 없이 많았다. 하지만 마지막임을 알면서 내가 어머니께 해드릴 수 있는 것은 없었다.

따듯한 물수건으로 어머니의 얼굴과 손발을 씻겨드렸다. 어제저녁에 언니들과 전신을 씻어 드렸으니, 옷 속으로 손을 넣어 간단히 닦아 드렸다. 손과 발, 얼굴을 마사지하듯 가볍게 닦아 드렸다. 고생한 얼굴답지 않게 곱다. 무언의 어머니 모습이 안타깝다. '엄마 왜 못가' 얼굴을 들여다보며 마음속으로 물었다. '무엇을 놓고 갈 수 없어 침묵으로 자리를 지키실까?' 짧은 순간이었다. 번득 스치는 것이 있었다. 엄마의 아픈 손가락! 어릴 때는 내가 엄마의 아픈 손가락이었다. 한때는 작은 언니가 피난으로 헤어져 살았다. 그때는 작은 언니가 아픈 손가락이었고, 이젠 작은 언니도, 나도 아닌 큰언니였다. 일평생 엄마 곁에서 함께 한 큰언니다. 언니는 지금까지 어머니를 자신의 일부처럼 생각하고 살아왔다. 남편도 자식도 없는, 오직 엄마만이 그의 모두가 되었다. 평상시 어머니가 하신 말씀이 생각났다. "나는 딸이라도 여럿 있어 잘살았지만, 네 언니가 걱정이야"라고 했다. 그럴 때마다 나는 어머니에게 면박을 주었다. 가장 잘 살아온 사람은 언니라고, 우리가 있는데 걱정하지 말라고 했다. 어머니는 간간이 언니를 내게 부탁했다. 갑자기 어머니의 그 말씀이 생각났다. 청각은 마지막 순간까지 간다고 들었다. 나는 생각할 여지가 없었다. 어머니 귀에 내 입을 바짝 대었다.

"엄마! 엄마! 언니는 걱정 말아." 큰소리로 말했다.

"언니는 내가 잘 챙기고 돌봐줄 게, 애들도 잘하지만 내가 천국 갈 때까지 엄마처럼 지켜줄 게."

순간 어머니는 감고 있던 눈을 살포시 떴다. 놀라운 일이었다. 기적 같았다. 그렇게 눈을 떠보게 하려 했지만 반응이 없었던 어머니였는데, 눈을 살포시 뜨는 것이 아닌가? 어머니의 눈과 나의 눈이 마주쳤다. 어머니 눈가에 물기가 반짝였다. 그리고 어머니 입가에 엷은 미동이 생겼다. '아! 어머니, 이것이었구나.' 2박 3일을 표정 없이 감았던 눈. 얼마나 큰 바람이었으면 마지막까지, '언니를 잘 돌보겠다.'는 그 한마디에… 놀라운 일이다. 어머니가 고마웠다. 어머니의 마음을 읽었다는 것도 뿌듯했다. 손과 발을 보았다. 아무 이상이 없었다. 몸을 만져보아도 따듯했다. 아기처럼 평온한 어머니의 여린 숨결은 변함이 없었다. 귓가에 바짝 입을 대고 또 말했다.

"나 키우느라 고생 많았어. 고마워 엄마. 언니는 우리가 잘해줄 게."

반응은 없지만 '생과 사'의 갈림길에서 '사' 쪽으로 기울었음을 알 수 있었다. 밖으로 나와 언니들에게 말했다. 곧 돌아가실 것 같다고, 어머니가 눈을 떴다고.

　우리 세 자매는 목사님을 모시고 마지막 떠나시는 어머니의 임종 예배를 드렸다. 그리고 평소에 즐기시던 찬송을 이어 불렀다. 가녀린 숨소리를 들으며 우리 세 자매는 어머니의 손을 포개어 꼭 잡았다. 찬송 중에 세 딸의 손을 마주 잡고 평온한 모습으로 하늘나라에 입성하셨다.

　마지막까지 부탁하고 떠나야 했던 어머니의 마음을 나는 잊지 않을 것이다. 언니를 바라보는 어머니. 마음이 얼마나 아팠으면 그 한마디를 확인하고 싶었을까? 작은 두 딸은 모두 제 가족 챙기며 살기에 바빠서 어머니의 마음을 헤아리지 못했다. 죽음 앞에서 눈을 감을 수 없이 아픈 손가락! 그것을 부탁해야만 했던 간절함!

　언니는 해방 전, 서울에서 경전(지금의 한국 전력)에 다녔다. 나이가 들어 혼기가 되었다. 일본 세상인 서울보다 시골이 낫다고 생각했다. 가문도 좋고 살만한 양반집과 혼사를 하였다. 일 년도 안 된 신혼의 꿈은 한국 전쟁으로 깨지고 말았다. 전쟁으로 남편을 잃고 자식도 없이 살았다. 전쟁의 상처를 가슴에 묻고 살아온 맏딸, 어머니와 동생들을 위해 살아온 맏딸이 가여워 눈을 감을 수 없었던 어머니! 막내의 확인을 받고서야 편히 가신 어머니다.

　"부탁해"

제2부

까치의 유감

네 모녀의 비싼 나들이

오랜만에 세 딸과 여행을 하게 되었다. 큰딸이 여자들끼리 바람 좀 쐬러 가자고 노래하듯 하더니 결국 날을 잡았다고 했다. 세 자매는 세상 구경 처음 하는 듯 좋아했다. 그러나 나는 26년 전 사건이 번개처럼 스치며 두려운 생각이 앞섰다.

첫째 딸 결혼식을 앞두고 있었다. 기대와 설렘으로 네 모녀가 2박 3일 여행을 떠났다. 하지만 돌아오는 길은 목에 가시가 걸린 것처럼 불편하고 괴로웠다. 지금까지도 나를 힘들게 하는 사건으로 내 안에 잠재하고 있었다.

딸 결혼식 날짜를 받고 나니 하루하루가 빠르게 다가왔다. 날이 가까이 올수록 아쉬움과 걱정이 되었다. 사위는 손위 시누이가 네 명인 막내 외아들이었다. 여러 딸을 가진 엄마들은 딸 하나 출가시키면 짐 하나를 내려놓는 기분이라는데 나는 아니었다. 세 딸 중 하나를 보내는데 애잔하고 안쓰러움만 밀려왔다. 첫째 딸은 덜렁덜렁 남성적인 성격이다. 살림하는 것, 시어른들을 섬기는 것, 목회의 길을 가야 하는 남편의 내조 등 나는 밤잠을 설치곤 하였다. 딸을 시집보내는 엄마들의 보편적인 마음일 것이다.

우리만의 시간과 자리를 만들고 싶었다. 1박 2일의 여행을 딸들에게 제안했다. 대찬성이었다. 딸들과 좋은 시간이 될 것 같았다. 그동안 고마웠던 일, 미안했던 일, 가감 없는 이야기를 나누고 싶었다. 부탁의 말도 하고 싶었다. 친정에 대한 좋은 기억, 아름다운 추억이 될 것이라 기대가 되었다.

장소는 정동진으로 정했다. 맑고 아름다운 바다가 펼쳐진 수평선, 황홀한 해돋이, 하얀 날개를 여유롭게 비행하는 갈매기, 생각만으로도 우리에게는 행복한 여행이 기대되었다. 강남터미널에서 출발했다. 여행지에서 필요한 모든 것은 집에서 준비해서 떠났다. 최저의 비용을 위해서였다. 아끼고 절약하는 것이 우리에게는 익숙했다. 바리바리 들고 메고 차에 올랐다. 아무도 불편해하지 않았다. 긴 시간이었지만 네 여자는 수다를 떨며 웃는 것만으로도 즐거운 시간이었다.

정동진에 도착하여 민박을 찾았다. 썬크루즈 호 공원 가까이에 정했다. 비수기라 한적하니 더욱 좋았다. 준비해온 것으로 저녁을 일찍 해먹고 공원으로 올라갔다. 탁 트인 망망대해가 눈앞에 드러났다. 긴장하며 살았던 우리의 마음과 생각까지 편안하고 여유로웠다. 우리들의 피로는 단번에 날아갔다. 딸들은 두 팔을 벌리고 바다를 향해 소리쳤다. '잘했구나.' 나는 딸들이 좋아하는 것만으로도 마음이 뿌듯했다. 공원의 조각들을 둘러보며 천천히 걸었다.

어둠이 깔리고 하늘에 별들이 드러났다. 썬크루즈 호에서 네온이 피어나기 시작했다. 야경의 아름다움이 절정이었다. 어두운 밤바다에 반짝이는 고깃배의 불빛은 한편의 그림과 같았다. 딸들은 화려한 크루즈 호 안으로 들어가자고 하였다. 나는 걱정이 되었다. 입장료가 있을 것 같아서였다. 문제의 발단은 여기서부터였다. 배 안으로 들어갔다. 입장료는 다행히 없었다. 선물 파는 코스가 대부분이었다. 당연히 선물은 안 살 것이다. 차를 마시자고 하였다. 나는 내키지 않지만 마지못해 따라갔다. 커피인지 무엇인지 나는 인정하기 힘든 비싼 값이었다. 사지 말라고 눈을 흘기며 손을 저었다. 딸들은 내게 사정을 하면서 주문하였다. 딱 한 번만이란다. 나는 속이 끓었다. 안 써도 될 것에 큰돈을 쓰는 것 같았다. 둘째가 그럼 둘만 시켜서 반씩 마시자고 하였다. 그래도 나는 내키지 않았고 불편했다. 슬그머니 나 혼자 숙소로 내려왔다. 딸들도 뒤따라 내려왔다. 둘째가 엄마 것이라며 컵을 내밀었다.

결국, 밴댕이 같은 나로 인해 기대했던 우리의 여행은 최상의 악재가 되고 말았다. 안 가느니 못한 후회스러운 여행으로 지금까지도 내 안에 깊숙이 자리하고 있었다. 오늘도 그 생각에 마음이 무거웠다.

큰딸에게서 전화가 왔다. 내일 새벽, 별 보고 출발하여 별 보고 돌아오는 당일 코스란다. 수선화 축제를 중심으로 서산과 당진 서해를 돌아오는 것이라 했다. 엄마는 옛날처럼 싸 들고 다니지 말고 몸만 오라고 하였다.

이른 새벽, 막내가 차를 가지고 왔다. 나는 간식을 준비하고 있었다. 가래떡을 한입 크기로 잘라 팬에 구워 꿀을 묻혀 담았다. 냉동 옥수수도 삶고 과일도 챙겼다. 몸만 오라고 했는데 또 궁상을 떠는 것 같았다. 평생 하던 짓을 버리기란 쉽지 않았다. 막내 차로 시흥으로 가서 둘째 딸 차로 합세했다. 운전은 둘째 몫이다. 차가 출발하자 딸들의 눈치를 보며 구워온 떡을 내놓았다. 세 자매가 맛있게 먹었다. 한 소리 들을 줄 알았는데 맛있다며 엄지 척까지 해주니 흐뭇했다.

서해 고속도로를 달렸다. 봄 바다의 향기가 싱그럽고 상큼하다. 아침 식사는 꿀떡으로 해결하여 밥값이 굳었단다. 야외 테이블에 둘러앉아 따끈한 어묵을 먹었다. 속이 시원하다. 흐릿한 날씨에 따끈한 국물은 최고였다. 이곳 행담 휴게소는 석양이 매우 아름다운 곳이라 했다.

서산 유기방 가옥, 수선화 축제를 향하여 달렸다. 딸들의 이야기는 끝이 없었다. 자식 키우는 일, 직장, 가정, 그들의 애환을 토로했다. 늘 어린애로 보았던 딸들이 이제는 나를 걱정하고 나는 그들에게 기대고 있었다. 엄마는 우리 넷을 어떻게 키웠냐고 했다. 오늘따라 딸들이 크게 보였다. 그들 이야기 속에 묻혀서 목적지에 도착하였다. 2만여 평의 수선화 꽃물결이 우리를 반겼다.

입장료가 만만치 않았다. 큰딸이 앞서가 사 왔다. 십만 원이 훨씬 넘었다. 옛일이 생각나 입을 꽉 다물었다. 수선화 향기가 코를 찌른다. 노란 꽃향기가 전신으로 스며들었다. 바다처럼 파란 하늘에 하얀 뭉게구름은 노란 꽃의 물결과 하나가 되었다. 봄바람에 별꽃들이 바다의 작은 파도를 무색하게 하였다. 곳곳에서 포즈를 취하고 사진을 찍었다. 나도 사진사에게 네 모녀의 사진을 부탁했다. 즉석 사진을 뽑아 액자에 넣어 딸들에게 하나씩 주었다. 나의 행동에 딸들이 활짝 웃었다.

"엄마! 이제 그렇게 살아요. 그래야 우리도 행복해요."

딸들이 양쪽에서 나의 양팔을 끼고 걷는다. 든든한 나의 딸들이다. 비싼 입장료가 아깝지 않았다. 별 다섯의 비싼 맛집도 가볍게 들어갔다. 비싼 차를 마셔도 즐거웠다.

오래 묵었던 나의 체증이 시원하게 빠져나간 날이었다.

넉넉한 마음으로

　마스크 세상이다. 언제까지 마스크를 달고 살아야 하는 걸까? 마치 마스크가 우리 자신의 신체 일부분인 듯 달고 사는 세상이 되었다. 어른도 아이도 젖 먹는 아기까지 예외란 없다. 집 밖을 나오는 순간, 사람이라면 누구든 마스크를 써야만 했다. 마스크를 쓴다는 것은 입과 코만 막는 것이 아니다. 눈과 귀까지 어눌하고 이웃과의 소통하는 마음마저 닫아놓은 것은 아닌지 걱정스럽다. 내가 어릴 때, 한국 전쟁 당시 전염병이 많이 돌았다. 학질과 폐병, 염병이라 불리던 전염병이 무섭게 퍼졌다. 하지만 지금 같은 상황은 아니었다.
　코로나 19라는 전염병은 불편해도 귀찮아도 마스크를 써야만 했다. 그것이 기본적인 방역 수칙이라 했다. 거리 두기도 2.5단계로 상향시

킨 상황이 되었다.

　길에서 마주 오던 젊은 여자가 내게 인사를 하였다. 마스크로 거의 얼굴이 가리어 눈만 빠끔히 보였다. 나는 마스크를 내리며 바짝 다가가서 누구인가 확인하려고 하였다. 그 여자는 놀란 듯 한걸음 물러서며 마스크를 잠시 내렸다. 다시 올렸다. 나를 보려면 내가 마스크를 내려야지 왜 할머니가 마스크를 내리느냐며 재미있다는 듯 '깔깔깔' 웃었다. 듣고 보니 맞는 말이다. 뒷집 통장이었다. 통장 얼굴을 모르는데 왜 내 마스크를 벗었는지 나도 같이 따라 웃었다.

　370번 버스를 타려고 급히 버스정류장으로 달려갔다. 버스가 정류장에 도착했다. 기다리던 대여섯 사람이 버스로 올라갔다. 나도 뒤질세라 그들의 뒤를 따라 올라탔다. 복잡한 사람들 틈새로 손을 쑥 내밀어 카드를 찍으려 했다. 그때 "잠깐만요" 기사가 다급한 소리로 카드를 찍지 못하게 하였다. 나는 왜 그러나 싶어 머뭇거렸다. "마스크요"라고 기사가 소리쳤다. 순간, 스프링처럼 나의 두 손을 겹쳐 입을 막았다. 이 버스를 타야만 하는데 큰일이었다. 나는 기어드는 소리로 기사에게 사정하였다. "조금만 가면 되는데 봐주시면 안 될까요?" 하며 눈치를 보았다. 버스에 있는 사람들의 시선이 다 내게로 쏠리는 것 같았다. 얼굴이 화끈거렸다. 기사는 잠시의 망설임도 없이 "차비 없는 것은 봐줄 수 있지만, 마스크 없는 것은 나라님이라도 못 봐주는 세상입니다."라고 했다. 사람들의 시선에 부끄럽고 민망했지만, 더 이상 차를 잡아둘 수는 없는 일이었다. 미안하다는 말 한마디 못하고 버스에서 내렸다. 패배

자로 돌아서는 느낌이다. 집으로 돌아가는 마음도 발걸음도 무거웠다.

며칠 후, 시골에서 농사일하는 남편에게서 전화가 왔다. 집으로 가는 중인데 치킨이 먹고 싶으니 주문을 해 놓으란다. 집에서 배달 주문을 하면 편해서 좋지만 이천 원이 더 비싸다. 내겐 이천 원이 큰 것이다. 콩나물 이천 원어치를 사면 한 끼 식사가 해결되는 돈이다. 직접 치킨집에 가서 사 오는 것이 당연했다. 십 분 정도 걸리는 가깝지 않은 거리였지만, 일부러 걷기 운동도 하는데 일거양득 아닌가? 생각하고 치킨집으로 갔다.

늦은 시간인데도 치킨 가게 앞에는 여러 사람이 서성거리며 대기하고 있었다. 서성거리는 사람들을 보는 순간, '아차' 나의 둔한 생각보다 두 손의 반응이 빨랐다. 마스크 대신에 두 손이 잽싸게 입을 막아 주었다. '아! 마스크를 안 했구나! 어쩌지?' 큰일이었다. 입에서 두 손을 떼지 못했다. 사람들의 눈총이 부끄러웠다. 그대로 서서 기다릴 수도 없고 집으로 돌아갈 수도 없었다. 어정쩡하게 사람들에게서 멀찍이 입만 가리고 서 있었다. 치킨 사장은 나를 힐끗 보았다. 무표정하게 하던 일만 계속했다. 번호표를 받으러 다가갈 용기가 나지 않았다.

며칠 전 370번 버스 사건이 스쳐 갔다. 어떻게 대하나 싶어 서성거리는 대기자들의 눈치를 살폈다. 힐끔힐끔 쳐다보며 그들이 내 눈치를 보고 있었다. 나는 대기자들의 눈치를 피해, 사정을 해보려 치킨 사장을 바라보았다. 그는 아무 반응 없이 손발을 분주하게 놀리며 자기 일만 하고 있었다. 오히려 대기자들이 안쓰럽게 나를 바라보고 있었다. 치

넉넉한 마음으로

킨 사장은 쉬지 않고 일손만 움직였다. 나는 안중에도 없는 것 같았다.

"할머니 오늘 비싼 치킨 드십니다. 벌금이 십만 원입니다"

장난기 가득한 시선으로 빙긋이 웃는다. 나는 아무런 답도 할 수 없었다. "어르신 오늘은 제가" 하며, 마스크 한 장을 꺼내 주었다. '이렇게 고마울 수가' 입을 막고 쩔쩔매던 두 손으로 넙죽 받았다. 구십도 허리를 구부려 절을 하였다. 얼마나 고마운지, 사장은 눈웃음을 주며 내게 번호표를 주었다.

그에게서 받은 친절에 나도 답하고 싶었다. 집에 돌아와서 가방마다 마스크를 한두 장씩 넣어 두었다. 나처럼 마스크 미착용으로 어려운 상황을 마주한 사람을 만날 때 주고 싶었다. 하지만 아직 한번도 그런 사람을 만나지는 못했다. 오히려 외출하려고 나가다 자주 잊고 나가는 내게 비상시 필요한 준비물이 되었다. 그래도 나는 여전히 가방에 여유분 마스크를 넣고 다녔다. 치킨 사장님 같은 친절을 베풀고 싶어서였다. 이러한 따뜻함이 너와 나, 서로에게 번져 나갈 때, 지금의 낯선 방역 수칙들이 해지되고 넉넉한 마음과 여유로운 일상의 좋은 날이 빨리 오리라 확신한다.

깜짝 이벤트

　세상은 날마다 변하고 있다. 이것도 변하고 저것도 변했다. 무엇이 어디부터 어디까지 어떻다고 말하기는 쉽지 않다. 옳고 그르다는 정의를 내리기는 더더욱 어려운 것 같다. 변화의 일상에서 좋은 것도 많지만 아쉬운 부분도 있다. 무엇보다 달라지는 장례문화에 나는 아쉬움이 있었다. 물론 우리에게 자리하고 있었던 유교 문화를 그대로 이어가자는 것은 전혀 아니다. 최소한 내 부모가 떠난 후, 자녀와 손주들이 고인을 기억하며 이야기를 나눌 정도는 되어야 하지 않을까? 어머니와의 고별에서 생각하게 되었다. 내가 죽기 전까지 만이라도.
　조선 시대를 거쳐 일본의 강점기, 해방의 기쁨도 잠시 한국 전쟁을 거치며 살아온 나의 어머니가 가여웠다. 고생의 끈을 놓을 즈음, 그의 생을 다했다. 이 땅에서는 우리와 다시 만날 수 없는 죽음이라는 이별! 슬픈 일이었다. 자신의 생명처럼 소중한 자식을 두고 떠나는 부모, 부모의 마지막을 바라보는 자식들의 아린 마음, 그의 생이 짧든 길었든 큰 슬픔이었다. 바라보고 있는 이들로서는 위로받을 수 없는 아픔이었다. 우리는 생전에 고인의 유언을 따라 골분을 선산 동산에 뿌렸다. 자식으로 아픔의 상처는 매우 오래갔다. 선산 근처만 가면 슬픔의 고통은 견디기 힘들었다. 시간이 가면 잊힌다는데 아니었다.

어머니 생전에 아버지 묘를 파묘하여 흔적 없이 하라는 어머니의 간곡한 부탁에, 갈등하면서도 어머니 마음을 편하게 해드리고 싶어 따른 것이었다. 결국에 어머니의 골분도 그곳에 뿌려야 했다. 백수를 해로하신 어르신의 간절함이었기에 효라 생각했기 때문이었다. 어머니가 돌아가시고 묘를 만들자. 아니다. 형제간에 갈등이 있었지만, 어머니 유지대로 하는 것이 옳다는 결론으로 화장하고 아버지 골분 뿌린 곳에 어머니의 골분도 뿌렸다.

장례 후, 나는 나날이 슬픔이 더해갔다. 오래된 아버지 묘만 가도 좋았는데 이제는 두 분 모두가 흔적조차 없어졌다. 고향을 가도 허공을 향해 허우적거리는 느낌이었다. 견딜 수 없는 공허함은 슬픔과 고통이 되었다.

남편이 퇴직 후 아버지의 흔적이 남겨진 농지를 경작하고 있었다. 그래서 자주 따라다녔다. 남편이 시골 갈 때마다 함께 가기를 권했지만, 어머니가 돌아가신 후에는 싫었다. 논에도 고향 마을에도 가까이 가면 부모님 생각, 떠나신 지 얼마 안 된 어머니 기억으로 견디기가 힘겨웠다. 왜 묘를 하지 않았느냐고 투정을 부리곤 하였다. 떠난 분의 유지를 따르는 것이 효냐고 따지기도 하였다.

  모내기할 즈음 남편이 시골에 가자고 하였다. 나는 단번에 거절했다. 하지만 귀찮을 정도로 졸랐다. 견딜 수 없기에 마지못해 따라나섰다. 조수석에 앉았으나 마음이 무거워 침묵으로 서울을 벗어났다. 보통은 자유로를 타거나 통일로를 타야 하는데 오늘은 달렸다. 시내를 거쳐 서대문, 불광동을 지나 벽제로 가는 것이었다. 이 길은 오래전 나의 어린 시절, 국도(군사도로)로 유일한 서울에서 문산으로 가는 길이었다. 시간이 많이 드는 길이니 지금은 누구도 이 길을 택하지 않는다. 나는 빠른 길을 두고 왜 이 길로 가느냐고 툴툴거렸다. 남편은 말없이 벽제로 갔다. 벽제 어느 돌집으로 들어갔다. 나는 점점 짜증이 났다. 뭐 하는 거냐고 따지듯 말했다. 남편은 흘려버리듯 "빨래판 하나 맞췄어."라고 했다. 어처구니가 없는 일이었다. 시골에 돌 빨래판을 맞추어 간다는 것이 말이 되는가? 차에서 내리더니 뒷문을 열고 무언가 실었다. 차는 다시 파주 고향을 향해 달렸다. 말없이 고향 가까이 왔다. 차 머리는 논이 아닌 다른 곳으로 향했다. 답답하고 궁금했지만 침묵으로 일관하니 속이 터질 것 같았다.

  내가 좋아하는 곳, 옛 우리 집터가 보이는 곳이었다. 임진강도 보였다. 또 어머니 아버지 생각에 슬퍼졌다. 남편은 차에서 빨랫돌이라고 만들어온 돌을 끙끙거리며 꺼냈다. 마땅치 않아도 거들어야 할 것 같았다. 남편 쪽으로 갔다. 뜻밖에 큼직한 돌비였다. 무어냐고 뱁새눈으로 남편을 쏘아봤다. 남편은 히죽 웃으며 "장모님 내외분 비석이지" 했다. 눈치가 없는 나는 무슨 짓이냐고 짜증스럽게 말했다. 돌비를 함께 들고 철쭉꽃이 가득한 언덕을 내려갔다. 옛 아버지 산소 자리에 예쁘게 만들어진 산소가 있었다. 직사각형의 묘, 화강석으로 둘레돌이 예쁘게 돋보였다. 묘 등과 주변에 잔디가 깔려 있었다. 벽제 돌집에서 맞춰온 비석을 세웠다. 묘비 정면에 아버지와 어머니 이름이 큼직하게 쓰여 있었다. 뒤편에는 자잘한 글씨로 우리 부부 이름과 사 남매 부부 그리고 열한 명의 손자들 이름이 빼곡히 쓰여 있었다.

남편에게 늘 투덜대던 것이 미안했다. 농사일로 이곳을 오가며 골분 뿌린 곳에 흙을 모아 내가 원하는 묘를 만든 것이었다. 멋없다고 생각한 이면에 이런 모습이 있었음을 자식들에게 한껏 자랑했다. 며느리는 시아버지에게 "아버님! 어머님에게 최고의 이벤트를 해드리셨습니다."라고 했다. 정말 그렇다. 결혼생활 오십여 년 동안 결혼기념일이나 생일을 한번도 기억해 주지 않았던 섭섭함이 하루아침에 다 풀렸다.

남편 덕분에 자주 고향을 찾는다. 고향에 가면 좋다. 내가 태어난 곳의 흔적은 없지만, 집터만 보고도 고향의 옛 추억으로 행복해지는 곳이다. 나이가 들어갈수록 무디어지고 감정이 메말라가나 부모님 묘를 찾을 때마다 흐르는 강물을 보면서 추억 속으로 깊숙이 빠져들 수 있어서 얼마나 행복한지.

제2탄의 이벤트도 기대해볼까!

까치의 유감

 우리 주위에서 흔히 볼 수 있는 까치는 다른 조류와는 달리 인간의 사랑을 많이 받았다. 아침에 까치가 울면 손님이 오거나 좋은 소식이 있다 하여 길조라 알려졌다. 옛 사람들의 신앙적 존재로도 대우를 받아왔다. 나도 어릴 때 까치가 우리 집 앞에서 울면 밖으로 뛰쳐나가 손님을 기다리던 때가 있었다. 더욱 한국 전쟁으로 언니와 헤어졌을 때였다. 아침에 까치 소리가 나면 엄마는 밖에 뛰어나가 먼 곳을 바라보며 언니를 기다리곤 했다. 그래서인지 나는 까치를 많이 좋아했다. 옛날이나 지금이나 시골과 서울을 구분하지 않고 인가 근처에 많이 날아들었다.
 우리는 삼십여 년 한곳에서 살고 있다. 한결같이 우리 집 앞 전봇대와 전선 줄은 까치들의 모임 장소가 되었다. 집 근처 공원에 풀과 꽃이 많아 그런가 싶었다. 전깃줄에 나란히 앉아 합창할 때면 귀가 따갑다. 한 마리가 내려앉아 가녀린 다리로 톡 톡 톡 튀듯 뛰어가는 모습이 앙증스럽다. 약속이라도 한 것처럼 친구들도 내려앉아 긴꼬리를 찰랑찰랑 끌며 뛰어간다. 무엇인가 콕콕 찍으며 뛰는 모양이 참 예쁘다. 마당가 전깃줄에 모여앉아 합창하는 까치들의 모습은 시골 내 고향 못지않은 자연의 낭만을 즐기게 해주었다.

 설이 지나고 2월 하순부터 두 마리의 까치가 전봇대 주위를 맴돌기 시작했다. 짝을 만나 알을 낳아 종족 번식을 위한 보금자리를 물색하는 것이었다. 전깃줄이 복잡하게 얽힌 전봇대에 나뭇가지를 물어다 하나둘 놓기 시작했다. 나무가 많은 마을 앞 공원이 좋을 것 같은데 전깃줄이 거미줄처럼 엉긴 위험스러운 전봇대를 왜 선택했는지 안타깝다. 한 마리가 가지를 물고 오면 다른 한 마리는 받아서 집을 짓는다. 신기하게 한 마리는 전깃줄에서 이동하지 않고 기다렸다. 나뭇가지를 물고 올 때까지 기다렸다. 나뭇가지를 물고 오면 받아서 쌓았다. 하루가 다르게 까치의 보금자리가 지어지고 있었다. 까치 집 재료는 마른 나뭇가지, 진흙 그리고 깃털이다. 나뭇가지와 흙으로 외형이 다 되었으면 둥지 속을 꾸민다. 바닥이 폭신폭신하도록 새의 깃털을 물어다 깔았다.

 예쁘고 아늑한 둥지 속에 대여섯 개의 알을 낳는다. 옅은 회색의 알을 품고 18일 정도 지나면 새끼 까치가 알에서 나왔다. 예쁜 둥지는 오직 아기새끼만을 위한 것이었다. 어미들은 한뎃잠을 자고 둥지에는 알을 낳아 새끼 까치를 보호하며 키우는 것이었다. 오직 새끼만을 위한 둥지인 것이다. 새끼를 키우는 것도 암수가 함께 분담하여 키운다고 했다.

한낮에 우리 집 앞에서 까치들의 대소동이 일어났다. 자지러지듯 불규칙한 까치들 울음소리에 놀라 창문을 열어보았다. 무서운 일이 벌어지고 있었다. 까치집이 있는 높다란 전봇대에 중장비 자동차가 있었다. 높은 사다리를 세워 까치집을 부수는 것이었다. 오랜 시간 힘들여 지은 까치의 보금사리를 철거하는 것이있다. 까치들은 전깃줄 이쪽저쪽을 옮겨가며 울부짖었다. 무법자들은 까치들의 울부짖음에도 전혀 개의치 않았다. 까치의 마음을 아는지 모르는지 상관하지 않았다. 흔적도 없이 철거해 버렸다. 또 다른 곳으로 까치집을 찾아가고 있었다. 목이 터지게 울던 까치들은 어디론가 날아갔다. 알을 낳을 때가 되어 집을 지은 것이었는데 예고 없는 무법자들의 습격을 당한 것이었다. 가여운 까치들, 슬픈 일이었다.

냉정하게 따져보면 까치가 사람에게 피해를 주는 것보다 오히려 사람이 까치의 영역을 침범하여 환경을 오염시키고 농약을 과다하게 사용하여 곤충들을 서식할 수 없게 만들었다. 먹이사슬 관계를 끊어 버림으로, 그들은 생존을 위한 본능 차원에서 돌발적인 행동을 하는 것이었다. 논과 밭에 흔하던 맹꽁이, 물방개, 나무숲의 장수풍뎅이, 개똥벌레, 사슴벌레는 지금은 쉽게 볼 수가 없다. 흔했던 개구리와 청개구리도 점점 줄어가고 있다.

인간은 세상을 지배하는 만물의 영장이라 작은 날짐승에 불과한 까치쯤이야 사람의 잣대에 따라 박멸해도 된다는 의식을 가지고 있는 것은 아닐까? 물론 까치가 농민에게 피해를 주고 전기 합선으로 사회적 손실을 끼치는 것이 사실이니 대책도 필요할 것이다. 하지만 까치 한 마리에 얼마라는 포상금까지 정하여 무분별하게 포획하는 것은 잘못된 것이라고 생각한다. 우리 정서 속에 담겨있는 이미지, 우리의 어려운 역사 속에서 힘이 되어준 까치에 대한 보은의 길도 필요하지 않을까 싶다. 유해 조수로 분류하여 박멸하기보다 개체 수 조정을 위한 최소한의 포획이 이루어지고, 전문가의 의견을 충분히 수렴하여 신중하고 체계적으로 까치를 포함한 야생 날짐승과 짐승을 인간과 함께 공존할 수 있는 길을 찾았으면 좋겠다. 내가 좋아하는 까치는 귀엽고 내 마음을 평화롭게 해주었다. 검은색과 흰색 털로 흑백의 조화를 잘 이루어 마치 우리 민족의 상징인 백의민족과도 닮았다.

　해충을 잡고 시체를 깨끗이 먹어치워 환경오염을 줄이는데 한몫을 하는 유익한 새로 우리 민족과 뗄 수 없는 친근한 까치. 항상 이웃하며 살았던 텃새! 사람의 사랑과 귀여움을 받으며 텃새로 함께 살아가기를 기대해본다.

기도의 무게

나는 기도하리라 다짐했다. 자식을 위한 어머니의 기도는 땅에 떨어지지 않는다고 했다. 내 어머니는 천막 예배당에서 추위와 더위를 가리지 않고 기도하셨다. 가난하고 배가 고파도 기도로 시작하고 기도로 마쳤다. 먹고 잠을 자는 쉼보다 더 중요한 것이었다. 천막 예배당에서 더위와 추위도 상관없었다. 울퉁불퉁 멍석 바닥에서 무릎을 꿇고 두 손을 모은 간절함의 기도, 무릎이 아프고 오금이 저려도 오직 자식을 위함이었다. 아버지의 얼굴도 잘 기억 못 하는 어린 것, 가여운 마음이 더욱 어머니의 무릎을 절박하게 하였다. 내가 자식을 키우는 어미가 되고 보니 비로소 자식을 향한 어머니 기도를 알게 되었다. 나는 어머니의 기도 호흡으로 여기까지 살아온 것이다.

결혼 후에는 시어머님의 기도까지 배가 되었다. 시어머님께서도 365일 하루도 거르지 않는 새벽기도로 이어졌다. 고령에 바깥출입이 불편했지만, 장소를 문제 삼지 않았다. 있는 곳 어디서든 새벽 두세 시면 정확하게, 깔끔한 차림새로 기도 자리를 잡으셨다. 집을 떠나도 계신 곳이 기도처였다. 우리 집에 오셔도 기도 시간은 변함없다. 소파에 자리를 잡으셨다. 좋은 성대로 찬양을 두어 곡 부르고 기도가 시작되면 끝이 없었다. 나라를 위한 기도, 남북통일, 교회, 자식들, 줄줄이 이어지는 시어머님의 기도 모습은 잊을 수 없는 아름다움으로 내게 각인되어 있다. 두 어머니의 기도로 여기까지 올 수 있었음을 나는 부인할 수 없다. 그 때문에 나는 두 분의 흉내라도 내면서 살아야 한다. 그렇게 하지 않으면 하나님 앞에서는 물론 어머님들께 큰 죄인이 될 것 같았다. 두 분의 삶을 보아 왔기에 나는 거절할 수 없는 어머니들의 명으로 알고 이어갈 것이다. 두 어머니 기도의 쌓임은 내게 영육으로 넉넉한 채움이 되었다. 그러기에 나 또한 세월을 아껴 기도 생활에 투자하고 몰입하리라 다짐하곤 했다. 이제 나의 차례다. 나도 다음 세대, 내 자식들에게 그렇게 보여주고 가르쳐야 할 책임이 있다. 그렇게 보고 살아왔기에 당연한 의무라 생각했다.

  나는 내 아이들에게 가르침이 부족했다. 몸으로 보여준 기독교 역사의 모니카 여사는 믿음의 여인이다. 가슴속 깊이 기도의 모델로 자리매김하여 있다. 나 역시 어머니 모니카를 좋아하고 닮고 싶다. 내가 세상을 떠난 후, 나의 자녀들이 내 어머니는 기도의 어머니였다고 기억해 준다면 좋겠다.

  가난한 시대에 여러 자녀와 할머니, 삼대의 삶은 녹록지 않았다. 그러기에 믿음의 가정에서 살아온 내게는 기도가 우선일 수밖에 없었다. 아이들 문제, 가정, 부모, 경제 등의 문제가 늘 있었다. 삶이 힘겨울 때마다 저녁이면 아이들을 재워놓고 예배당을 찾았다. 그리고 밤새워 기도했다. 침침한 기도실에서 눈물로 기도했다. 네 자녀 중 하나가 늘 따라 다녔다. 일, 이학년 저학년이기에 집에서 자면 좋겠는데 따라와 기도하는 무릎을 베고 잠을 잤다. 어두운 기도실, 무릎 앞에 자는 딸이 힘이 되기도 하였다. 딸은 엄마의 눈물이 자신의 얼굴로 떨어졌을 때의 이야기를 했다. 나는 미처 생각 못 했던 일이었다. 대학에 입학하여 유아기에 기도실에서 있었던 어머니의 모습과 감정을 글로 써서 발표하였다고 했다. 학생들의 감동과 교수님의 칭찬이 있었다는 말에 부끄럽기도 했지만 뿌듯하고 좋았다. 그래서였을까. 기독교 가정에 익숙해서였는지 딸은 결혼하여 아들 삼 형제를 두었다. 성품이 여린 딸이 아들 삼 형제를 키운다는 것은 만만치 않았다. 자식을 반듯하게 키우고 싶은 것은 부모의 공통일 것이다. 직장때문에 늘 엄마 아빠의 부재는 아이들에게 어려움이 많았다. 무법자 같은 사춘기, 형제, 부모 밖에서의 문제 등 힘겨웠다. 하지만, 신앙생활의 기본인 주일 예배 생활은 양보하지 않았다. 지금도 변함없는 그 일은 가풍으로 알고 있다. 쉬운 일이 아니다. 그러기에 딸도 기도해야만 했다. 기도 외에 할 수 있는 것이 없었다. 세 아이의 엄마로서 기도로 살아야 했다. 이제 그 아들 셋이 성인이 되었다. 첫째는, 지난달 공군제대, 새해에 복학할 것이다. 둘째와 셋째는 대학 재학 중에 있다. 둘째가 1월에 해군 입대 예정, 셋째는 육군을 희망하니, 육해공군이 다 있어 대한민국을 지킨다고 환하게 웃었다. 큰아들이 군 생활에서 보았단다. 고급장교도 별처럼 신앙생활을 잘하는 분들이 있다며 존경스럽단다. 그 말에는 자신도 신앙생활을 잘하겠다는 말로 들렸다. 이 또한 어머니의 기도 대가라 생각되었다.

신앙생활을 반듯하게 잘한다는 목사님의 칭찬에, 할머니인 내게는 기도의 무게로 들렸다. 네 자녀의 손자가 열한 명, 아직 갈 길이 멀기만 하다. 그러기에 나는 기도를 할 수밖에 없다. 이제는 어머니가 된 며느리와 딸들에게 부탁한다. 세상 끝나는 그 시간까지 기도의 줄을 놓지 말라고. 우리의 재산은 물질의 풍요가 아닌 오직 기도뿐이라고. 자식을 키우는 일, 잘하고 있다. 모니카 여사의 뒤를 이어가기를.

모니카의 아들은 열여섯에 가출하여 사생아까지 낳아서 32세에 돌아왔다. 성 어거스틴이 되기까지, 오직 어머니의 기도였다. 인내와 눈물의 기도 결과라고 기독교 역사에 기록되어 있다. 우리들의 어머니, 기도하는 어머니! 그 이름 앞에 몸과 마음이 숙연해지지 않는가. 모니카의 무릎 꿇어 기도했던 마룻바닥이 패였다고 했다. 기도의 눈물 자국으로 마룻바닥이 썩기까지 하였다고 했다. 그러한 어머니의 자식은, 자신만이 아닌 이웃을 위한 세계를 향한 삶으로 이어질 것이라 믿어졌다.

편하고 넉넉한 현실에서 힘들다, 어렵다는 소리가 들릴 때마다 안타까운 마음이 드는 것은 늙음의 시대착오일까. 어머니들의 과제가 아닌지? 내 아이의 만족이 내 만족이 되는 것, 나의 풍요와 넉넉함이 내 아이에게까지 이어지고 기쁨만을 누리려고 이 시대는 추구하는 것은 아닌지?

　나는 며칠 전 논산 훈련소 수료식에 참석했다. 막내딸의 첫아들 수료식을 위해서다. 무릎에 실금이 갔다고 목발을 짚었다. 참담했다. 열외에 앉아 있는 두 명 중 한 명이 나의 손자였다. 중대장의 칭찬이 큰 위로가 되었다. 훈련을 포기하지 않고 끝까지 해내 고맙다고 했다. 손자가 자랑스러웠다. 내게는 어리광부리는 어린아이일 뿐인데 그 다리로 수료식까지 올 수 있다니 대견했다. 다음날 중대장에게서 전화가 왔다. 자대 배치가 되었다고. 또 기도 제목이 생겼다. 손자를 위한, 나는 손자에게 문자를 주었다.

　"군이란 관문, 힘겨울 거다. 어려울수록 믿음의 꿈을 갖고, 진실함과 인내로 살아."

김장하는 날이 그립다

 추운 것이 무서워 올해도 김장을 일찍 하기로 했다. 딸들은 너무 이른 것 아니냐고 하는데 입동이 지났으니 괜찮다고 했다. 토요일은 쉬는 날이니 세 딸을 파주 집으로 불렀다. 늘 언니가 시키는 대로 하면 되었지만 이젠 아니다. 내가 앞에서 해야 했다. 구순이 넘은 언니의 건강이 급격히 나빠진 것이다. 세 딸이 있어 다행이다. 언니가 힘든 일은 할 수 없지만, 옆에 있는 것만으로도 든든하다. 세 딸과 언니와 나, 여자 다섯이다. 다섯이 모이면 재미있어 무엇이든 할 수 있다. 다른 일꾼이 필요 없다. 손자 몇 녀석이 따라올 테니 잔일까지도 걱정이 없었다.
 재료만 빠지지 않게 준비하는 것이 우선이었다. 쪽파와 대파, 갓과 무는 텃밭에 심은 것으로 충분했다. 마늘은 지난여름에 사 놓았고 새우젓은 재작년 봄에 소래포구에서 생새우를 사다 담은 것이 넉넉했다. 앞으로 이삼 년, 김장 새우젓 걱정은 하지 않아도 된다. 손질하기 어려운 황석어젓은 미리 끓여, 면 보에 걸러 걸음 종이에 받혀 깔끔하게 준비해 놓았다. 고춧가루도 시골을 오가며 농사한 것으로 충분하다. 태양초라 색깔도 예쁘다. 미나리, 생강, 청각, 생새우 그리고 과일이나 조금 사면 될 것 같았다.

시골집 대문 앞에 배추가 산더미처럼 쌓여있었다. 백 포기라고 했다. 입이 딱 벌어졌다. 50포기도 많다고 생각했다. 배추가 왜 이렇게 많으냐고 언니에게 따지듯 물었다. 이웃에서 배추를 팔지 못하여 애가 탄다고 하여 샀단다. 아무 말도 할 수 없었다. 본래 그런 분이다. 애들이 김치를 잘 먹기는 하지만 일이 무서웠다.

겨울이면 김치만두, 김치 수제비, 김치전 등을 잘해 먹으니 크게 걱정할 일은 아니다. 만두를 한번 할 때마다 김치가 쑥쑥 들어갔다. 만두를 빚어 냉동에 얼려 놓으면 딸들은 경쟁하듯 가져갔다.

수제비, 전, 볶음, 김치가 들어간 음식은 다 좋아했다. 백 포기를 해도 여섯 집이 나누면 별로 많은 것도 아니다. 지나가던 동네 분들이 한 마디씩 했다. 김치공장이냐고, 지금 세상에 이렇게 많은 김치를 하는 집이 어디 있느냐고. 배추는 깨끗이 손질되어 있었다. 절이기 편하도록 반씩 갈라놓았다. 커다란 고무 다라와 예전에 쓰던 김장독들을 씻어 놓았다. 절이기만 하면 된다. 절이는 것은 당연히 내 몫이었다. 목욕통만 한 커다란 고무통에 소금물을 넉넉히 풀어서 반씩 자른 배추를 담갔다. 소금물에 잠긴 배추를 뒤적이며, 건져서 켜켜이 굵은 소금을 뿌려 차곡차곡 넣었다. 해도 해도 배추가 줄지 않았다. 네 시간이 걸리고 나니 끝이 보였다. 김장하는 과정에서 절이는 것이 제일 힘들다. 구부려 절이다 보니 허리가 끊어질 것 같았다. 두 독에 가득, 커다란 고무 다라 세 통에 수북이 쌓였다. 오늘 저녁은 일찌감치 쉬어야겠다. 내일 아침, 전체를 뒤집어 손질해 놓아야 했다. 아랫것은 위로, 위의 것을 아래로, 숨이 죽지 않은 부분은 소금을 조금씩 더 뿌려가며 손질해야 했다. 그리고 오후 늦게 다시 서너 번의 손이 더 가야 한다. 우리는 이틀 밤을 재운다.

전날 밤에 무채와 모든 양념을 썰어 준비 완료해야 한다. 그리고 김장하는 날은 꼭두새벽에 일어나 배추를 씻어 물이 쪽 빠지게 걸쳐 쌓는다. 물이 빠지는 동안 아침밥을 해 먹고 속 버무리기를 해 놓는다.

우리 집 속 버무림은 남편 몫이다. 여러 해 전부터 배춧속 버무림은 남편이 맡았다. 남편은 주저하지 않고 비닐 앞치마와 고무장갑을 끼고 나섰다. 팔 힘이 좋으니 시원스럽다. 어젯밤에 썰어놓은 무채를 커다란 타원형 고무통에 쏟았다. 고춧가루를 푹 퍼서 하얀 무채에 술술 부었다. 남편은 무채와 고춧가루를 설렁설렁 섞어가며 휘휘 저어 한쪽으로 밀어놓았다. 하얀 무채가 빨갛게 물이 배어갔다. 고춧가루를 또 듬뿍 뿌리고 살살 비벼 옆으로 밀어놓는다. 황석어와 젓갈류들을 넣고, 찹쌀풀 국물을 넣는다. 대충 어우러지면, 남편은 채소와 갖가지 양념을 넣어 무채와 골고루 섞이도록 버무린다. 어지간히 숨이 죽으면 나도 합세를 한다. 남편이 비비고 섞어 내게로 밀어준다. 나는 밀어준 것을 받아 간이 잘 배도록 골고루 비벼 다시 남편 쪽으로 밀어주기를 반복한다. 우리 부부가 주고받기를 반복하는 동안 골고루 섞이고 간이 잘 밴다. 마지막으로 매실액과 소금 간으로 짭조름하게 맞춘다. 맛과 간이 잘 어우러지도록 몇 차례 더 주고받으면 끝이다.

나는 늘 남편한테 툴툴거리지만, 오늘 같은 날은 고마운 생각뿐이다. 손자들은 배추꼬랑이를 자르고 배추를 옮겨다 주었다. 이웃분들이 오셔서 함께 김칫소를 넣었다. 가져온 김치 통을 채우는 딸들, 제 몫을 챙긴다. 남자나 여자, 어른과 아이 모두 자기 몫을 잘하고 있다. 이웃분들이 함께 하니 시골집 김장은 잔칫날이다. 점심 준비에 바쁘지만, 돼지고기 수육과 생굴을 배춧속에 싸서 먹는 김장 날을 잊지 못한다.

어릴 때 고향 집에서 김장하던 때가 눈에 선하다. 배추 이삼백 포기는 기본, 이웃들이 서로 오가며 품앗이처럼 했다. 배추 씻기는 안귀미 강가에서 씻었다. 남사들이 지게로 옮겨다 주었다. 여인들은 마당바위에 줄지어 앉아 흐르는 물에 씻었다. 옆으로 옆으로 넘겨주며 씻던 모습, 그림처럼 아름답고 정겨운 모습들이 눈에 선하다. 안마당에 널따란 멍석을 깔고 커다란 오지 함지를 중심으로 서너 명씩, 무리 지어 앉아서 소를 넣었다. 태산처럼 쌓아놓은 절임 배추, 벌겋게 쌓인 소, 보암직하고 먹음직하지 않은가? 여인들은 모처럼의 해방이다.

왁자지껄, 손놀림 이상으로 입도 바빴다. 남자들이 뒤 곁에 묻어놓은 김치 광, 햇 짚으로 엮은 고깔 모양의 집, 거적문을 달았다. 저온에는 따듯하게, 고온에는 시원한, 현대 김치냉장고 역할을 톡톡히 해냈다. 독을 채우는 것은 여자들의 몫이다.

 삶은 돼지고기에 새우젓 양념, 노오란 배춧속 쌈을 먹는, 김장하는 날!

손자의 뒷모습

 "진주라 천릿길"은 오래전 들었던 노래의 첫 소절이다. 노랫말로 보아 진주하면 먼 곳이라는 생각이 들었다. 가본 적도 없고 갈 것이라 생각도 못 했던 곳이다.
 지난 1월 9일 둘째 딸의 첫아들이 공군에 입대했다. 공군 훈련소가 진주에 있었다. 아들의 군 입대를 앞두고 안절부절못하며 걱정하던 딸이 진주 훈련소에 입소를 시키고 발길을 쉽게 돌리지 못했단다. 한 주 후 입고 갔던 옷과 신발, 소지품들은 소포로 보내왔다고 한다. 소포 상자를 풀어 끌어안고 펑펑 울었단다. 보낼 때 마음보다 더 아팠다고. 아들의 고된 훈련을 생각하는 엄마의 지루한 5주였다. 5주의 훈련이 끝나고 수료식 날이 되었다고 얼굴이 활짝 피었다. 입소할 때 함께했던 두 동생이 수료식에 참석하기가 어렵단다. 할아버지도 못 갈 형편이라 사촌 누나와 내가 함께간다고 군대에 보고했다.

딸 부부와 조카딸과 새벽 5시에 출발했다. 여린 빗줄기가 내렸다. 장거리 운전하는 사위가 걱정스러웠다. 겨울비 탓인가, 마음이 을씨년스럽다. 한잠을 푹 자고 나니 별천지가 되었다. 경남에 들어서니 천지가 하얀 눈으로 덮였다. 언제부터 온 눈일까? 이렇게 많은 눈은 참으로 오랜만이다. 보이는 시야가 '겨울왕국' 영화 장면이 현실이 된 것 같았다. 우리는 눈 사이를 뚫고 달렸다. 눈의 무게를 견디지 못해 늘어진 가지가 바닥에 닿을 것 같았다. 춤꾼들의 치맛자락처럼 아름다운 맵시, 안개와 구름, 백설의 높고 낮은 산자락이 신비한 세상을 만들었다. 우리가 바로 이야기 속 주인공 같았다.

진주에 가까이 왔다. 갑자기 하늘 문이 열렸다. 검은 구름 사이로 햇살이 쏟아졌다. 눈이 부셔 창밖을 볼 수가 없었다. 참으로 신묘막측한 절경 속 환상의 예술품 같은 날씨였다. 진주 시내로 들어서니 햇살 탓인지 쌓였던 눈은 도랑물이 되어 흘러간다. 장화를 신어야만 할 정도였다. 여름 장마 같았다. 대한민국 차들은 모두 진주로 모인 것 같았다. 줄지은 차들은 앞과 뒤, 끝이 보이지 않았다. 모든 차량의 목적지는 공군 훈련소란다. 훈련소 1, 2 정문으로 가는 도로는 똑같았다. 모두 급하지만 방법은 없었다. 흐름을 타고 따라가는 것이 최선이었다. 일찍 왔다고 생각했는데, 11시 수료식 중간쯤 행사장에 도착했다. 수료생 중 한 명이 답사를 하고 있었다.

이천 명이 넘는 수료생들의 모습은 똑같았다. 구령에 맞춰 움직이는 훈련병들이다. 동작은 기계 같았고 서 있는 모습은 마네킹이요, 손발은 물론 눈도 깜박이지 않는 것 같았다. 방독면을 쓰고 가스실에 들어가 숨이 막혀 "컥컥" 하며 서로 부둥켜안고 나온 이야기, 완전 무장을 하고 20km를 걷고, 뛰며, 뒤처지는 동료들을 서로 부축하며 한 명의 낙오자 없이 행군을 마쳤다는 이야기는 가족들 손에 땀을 쥐게 하였다. 내 손자도 그랬겠구나, 생각하니 가슴이 먹먹했다. 엄마들은 눈물을 훔쳤다.
　식이 끝나자 가족들은 질서 정연하게 서 있는 아들들을 찾아갔다. 딸 내외도 아들을 찾았다. 우리는 그 뒤를 따랐다. 폰으로 연락이 왔다. 대형 태극기가 그려 있고 대한민국이라 크게 쓰여 있는 간이무대가 보였다. 손자는 제복을 입은 친구들과 기념촬영을 하고 있었다. 대여섯 명씩 무리 지어 포즈를 취하고 군호를 외치며 사진을 찍고 있었다. 힘겨운 5주를 함께해온 우정, 헤어짐이 아쉬워 오래오래 기억하고 싶었나 보다. 손자가 우리 쪽으로 다가왔다. 몰라보게 변해 그야말로 군인이 되어 있었다. 한층 성숙한 청년이요, 어른스러운 모습이다. 딸은 또 아들을 끌어안고 울먹였다.
　우리 모두 정문 밖에 세워둔 차를 향하여 걸었다. 손자는 앞장서서 사위와 어깨를 나란히 하고 걸었다. 씩씩하고 늠름한 모습이 입대 전과는 전혀 달랐다. 거리감이 있고 서로 말이 적었던 아들과 아버지였다. 과묵한 성격이라기보다 한발 물러서서 바라보는 그런 느낌, 커 갈수록 더욱 그랬다. 하지만 오늘은 전혀 아니다. 그동안 집에서 부자의 모습

손자의 뒷모습

과는 완전히 상반되는 것이었다.

　아버지와 아들, 몸을 바짝 붙이고, 어깨를 나란히 하고 걸었다. 손과 발, 동작을 주고받았다. 툭툭 치며 호탕한 웃음이 오갔다. 머리까지 바짝 대고 "킥킥"거리며, 얼굴을 마주 보며 이야기에 빠졌다. 보기 좋은 아들과 아버지는 마치 절친 같았다. 종종걸음으로 뒤따라가는 여자 셋은 부자의 대화에 귀를 기울였다. 여자들은 부자 사이에 끼어들 틈새가 없었다. 아버지의 군대 생활 이야기와 아들의 첫 군대 생활 이야기가 초점이었다. 공감하는 이야기에 흥분한 아버지와 아들, 둘의 목소리는 커지다 작아지기를 반복했다. 서로 툭툭 치며 장난기도 발동했다.

　아버지에게는 아들이 아들에게는 아버지기 꼭 필요하구나. 부자의 다정다감한 모습은 차 안에서도 이어갔다. '저렇게 말이 많은 부자였나?' 싶을 정도였다.

　예약된 호텔에 도착했다. 손자가 먹고 싶어 하던 피자와 치킨이 호텔 로비에 배달되어 있었다. 자식의 마음을 잘 알기에 딸이 미리 주문해 놓은 것이다. 모두는 호텔 방으로 들어갔다. 손자는 준비해온 운동복으로 갈아입었다. 침대에 벌러덩 누웠다. 지금이 최고로 행복하단다. 손자가 좋아하는 것도 나는 안쓰러웠다. 쉬는 것도 잠시, 식탁에 차려 놓은 피자와 치킨 앞으로 다가왔다. 입을 딱 벌리고 두 손을 흔들며 좋단다. 정신없이 먹었다. 어쩌면 저토록 잘 먹는지, 잘 먹고 좋아하는 것을 보는 것만으로도 모두는 흐뭇해했다. 냉장고에서 아이스크림을 내놓았다. 한 입 입에 넣고 지그시 눈을 감는다. 만끽하는 표정, 아직 내게는 귀염둥이 어린 손자일 뿐이다. 저녁을 일찍 먹고 귀대해야 했다. 늦으면 탈영이란다. 차가 많고 인파가 몰려 미리 가자고 서둘렀다. 6시 30분까지 영내로 들어가야 했다. 7시까지인데 만약을 위하여 30분 전에 점호한다고 했다. 우리는 5시 30분에 부대 정문 앞에 도착했다. 너무 이른 것 같아 카페에 가서 쉬자고 했으나 손자가 싫다고 한다. 식구끼리 있고 싶어 했다.

시간은 빨랐다. 외출했던 초보 군인들이 모여들었다.

"할머니, 들어가기 싫어"

어린 척하는 손자가 가여웠다. 월요일부터 대구에서 3주간 특기 훈련을 마치고 자대로 배치된단다. 우리를 향해 거수경례하며 큰소리로 외쳤다.

"대한민국 하늘을 지키는 공군 이병 ○○○ 귀대합니다."

부대로 향하는 손자의 뒷모습을 보니 뿌듯하다.

둘째야 미안해

 둘째 딸 결혼식이 속전속결로 이루어졌다. 시댁으로 들어가 산다고 하니 준비할 것도 별로 없었다.
 둘째 딸은 임용고시를 공부하던 중 몸이 아파 병원을 찾았다. 몸이 너무 약해서 앞으로 임신과 출산이 어려울 것 같다고 의사가 말했다. 결혼할 사람이 있으면 빨리하는 것이 좋겠다는 의사의 조언이 있었다. 마침 교제하는 친구가 있었기에 결혼식을 올렸다. 결혼과 동시에 중등 교사 임용이 되어 출근하게 되었다. 청량리에서 덕정까지 출근길은 장거리였다. 건강에 무리일 것 같으나 신입 교사로 다른 방법이 없었다.
 어렵다던 임신이 되었다. 자연 분만은 생각도 못 하였다. 제왕절개를 하고 첫아들을 낳았다. 가족들은 물론 의사 선생님도 좋아하며 축하해 주었다. 첫아이 돌이 지나며 연년생으로 둘째를 가졌다. 안타깝지만 조심스럽다는 의사의 진단, 포기할 것을 조언했고 양가에서도 그러기를 권했다. 하지만 하나님이 주신 생명을 어찌하겠느냐며 딸은 열 달을 채웠다. 본인보다 주변의 걱정이 컸다. 둘째도 제왕절개를 하여 건강한 아들이 태어났다. 딸은 학교생활도 익숙해졌고 시댁에서 두 아이를 잘 봐 주심으로 별걱정이 없었다. 그런데 예상 못 했던 문제가 생겼다. 세 번째 임신이 된 것이었다. 시댁에서 손자 둘은 보았으나 셋까지는 못 보겠다는 시어머니의 선전 포고였다. 딸에게는 기막힌 일이었다. 친정 어미인 나는 아들네와 함께 살고 있었다. 아들네는 돌이 지난 아기와 둘째가 곧 태어날 상황이었다.

  딸은 아직 경제적으로도 어려운 시기였다. 들어갈 집도 막연했고 아이 셋을 친정이 아니고는 맡길 곳이 없었다. 우리와 함께 사는 아들 내외가 눈치를 보게 되었다. 엄마를 봐도 누나를 봐도 대책이 없었다. 결국, 둘째 딸네가 아이 셋을 데리고 우리 집으로 밀고 들어왔다. 자식이 뭔지 안쓰럽고 가여웠다. 밀어낼 수가 없었다. 내가 품어야 할 내 새끼였다. 졸지에 아기가 넷, 아니 다섯이 되는 것이었다. 며느리도 오늘내일 출산을 앞두고 있었기 때문이었다. 네 살, 세 살, 두 살, 신생아 둘, 딸이야 대책이 없으니 무조건 밀고 들어온 것이었다. 아무리 생각해도 한집에서 감당할 수 없는 일임을 알기에 며느리와 아들의 고민이 컸다. 당시에 면 기저귀를 썼으니 일은 더욱 많았다.

  아들 내외가 결론을 내렸다. 경제적으로 좀 나은 저희가 나가겠다고 하였다. 나도 미안하긴 마찬가지였지만 다른 방법이 없었다. 내가 누구보다 아들과 함께 사는 것을 좋아했고 손녀 보는 것을 좋아했다. 아들은 물론 며느리도 그것을 잘 알고 있었다. 며느리가 둘째 손녀를 출산했다. 연년생인 두 손녀를 데리고 나갔다. 나는 며느리에게 미안하기도 했고, "네가 아들만 낳으면 나는 무조건 너희 집으로 갈 거야"라고 한 말은 솔직한 말이기도 했다. 지금 생각하니 염치없는 말이었음에 부끄럽다. 두 아이를 모두 수술하고 낳은 며느리였다. 셋까지는 의사들이 권하지 않았다. 위험이 따르는 일이라고 막는 편이었다. 그런데, 나는 혹시 며느리가 아들 손자를 볼까 싶어 그렇게 했던 말이었다.

둘째 딸도 셋째를 임신하였을 때 이사도 반대했고 나도 심하게 반대했다. 아이 낳는 것도 유전인가보다. 저희가 보았을 것이다. 경제적으로 힘겹게 살았던 엄마를. 둘이면 땡, 하는 세상에 위험을 무릅쓰고 셋째를 낳는다니 이웃들도 혀를 찼다.

나는 며느리에게 아들 손자를 낳아달라고, 셋째를 종용한 것이었다. 양심 불량의 시어미였음을 인정한다. 며느리 덕분에 딸은 조금이나마 마음이 편했을 것이다. 세 아이 양육은 만만치 않았다. 딸 부부는 일찍 출근해야 했다.

나는 어린이집을 보내기 위해 두 아이를 일찍 깨워야만 했다. 시간에 맞추어 움직여야 얼굴만이라도 씻기고 나갈 수 있다. 버스를 타고 고덕동에서 길동을 가야 했기에. 매일 깊이 잠든 어린것들을 깨우는 일이 버거웠다. 가엾고 안쓰러웠지만 깨워야만 했다. 등짝을 한 대씩 때리며 일어나라고 소리쳤다. 그래도 네 살 큰손자는 말귀를 알아듣는 것 같았다. 세 살짜리는 베개를 끌어안고 놓지 않았다. 더 자고 싶어 했다. 달래도 보고 소리도 쳤다. 마지못해 일어나 나를 돌아보았다. 여전히 베개를 끌어안고 엎드려 있다. 나는 꾸물거린다고 또 호통을 쳤다. "할머니! 여기서 엄마 냄새가 나." 하며 베개를 가리켰다. 그리고는 다시 베개에 얼굴을 묻고 비비고 있는 어린 것을 보면 가슴이 미어지듯 아프다. 엄마의 사랑이 고팠다. 엄마의 냄새에 베개를 놓지 못하고 있었다. 조금이라도 엄마 냄새를 음미하고 싶은 것이었다. 딸도 손자들도 모두 가엽고 불쌍했다. 말을 할 줄 아는 손자, 야자가 무엇인 줄도 모르는 것이, "엄마! 야자 하지 마", "야자 가지 마" 하며, 울면서 엄마에게 매달렸다. 늦게 오는 것이 야자라는 것을 알기에 엄마에게 애원하는 것이었다. 늦게 오는 엄마가 싫었다. 잘 때 나가서 잘 때 들어오는 엄마의 생활이었다. 매달리는 어린것들을 뒤로하고 출근을 해야 하는 딸, 차라리 곤히 잘 때 나가는 깃이 편했을 것이다. 먹고 사는 것이 무엇인지, 보탤 수도 없는 형편인 나는 아이들이라도 잘 봐 주자고 다짐을 하곤 했다. 고 3을 맡은 수학 교사, 피할 수 없는 딸의 생활이었다. 아이들이 조금씩 커가며 형은 형 노릇을 제법 잘했다. 개구쟁이 남자아이 셋, 할아버지에게 혼날 때면 여섯 살 형은 양손을 벌려 할아버지를 막아섰다. 엄격한 할아버지가 무서웠기에 동생들을 그로부터 지키려는 마음이다. 그렇게 하지 않아도 형이라고 대표로 혼나는데, 그 마음이 가상하고 대견스러워 또 마음이 아팠다. 커서도 변함없기를.

2년 후, 며느리가 셋째로 아들을 낳았다. 나는 아들에 한 맺힌 사람처럼 아들 집으로 가겠다고 딸에게 선포했다. 친손자를 봐 주어야 한다는 마음이 컸기 때문이었다.

시댁에서 친정으로 온 둘째 딸, 아직 세 아이 모두 어리다. 취학 전 아이들이었다. 어른의 보호와 손길이 절실히 필요한 시기다. 나는 둘째 딸에게 배려가 많이 부족한 엄마였다. 결국, 서울을 벗어나 경기도 시흥 첫째 딸인 언니 집 근처로 이사를 하였다. 둘째 딸은 언니와 이웃하며 직장생활을 계속할 수 있었다. 이제 세 명 다 미래를 꿈꾸는 대학생이 되었다. 첫째는 군인, 곧 제대하고 복학을 할 것이다. 둘째가 이어 군에 입대, 막내도 그 뒤를 이을 것이다.

'젖병을 물고 옹알이하던 세 아기가 잘 자라서 장하다.'

내 편이 아닌 남 편

특별히 하는 일도 없는데, 책상에 앉아볼 시간이 없었다. 평범한 일상이 늘 종종걸음의 내 생활이다. 정작 하고 싶은 것을 할 수 없음에 마음이 무겁고 개운치 않았다. 노서관을 오고 가는 시간도 아끼운 것 같아 집에서 하고 싶었지만, 오늘도 터줏대감이 좌정하고 있었다. 가만히 있어도 신경이 쓰이는데, 수시로 불러대니 상전이 따로 없다. 엉덩이를 좀 붙였다, 싶으면 점심을 챙겨야 하고 점심을 치우고 나면 또 저녁 할 시간이 되었다. 해가 짧으니 두 번만 먹어도 될 것 같은데, 삼시 세끼를 꼭 챙겨야 하는 것이 우리 집 식습관이다. 그러기에 집에서 책을 보는 것이 어렵고 글 쓰는 것은 더욱 쉽지 않다.

오랜만에 오늘은 여유가 있는 날이었다. 모두를 뒤로하고 도서관으로 가리라 작심을 하였다. 남편의 눈치를 살피니 맑음이었다. 어울리지 않지만 상냥하게, 오늘은 도서관을 가야 하니 점심은 혼자 드시라고 했다. 식탁을 사용하지 않는 사람이지만 식탁에 차려 놓았다. 멀쩡하던 남편의 얼굴이 순식간에 일그러졌다. 여편네가 나돌아다니는데 맛이 들어 큰일이라며, 구시렁구시렁하는 표정이 험악해짐을 느낄 수 있었다. 좀 참았어야 할 것을 나는 참지 못했다. 선을 넘고야 말았다. 지금이 조선 시대인 줄 아느냐고 소리를 날카롭게 지르고 방으로 들어갔다. 이불을 뒤집어쓰고 속을 끓이며 무언의 시위를 하였다.

마음은 점점 지옥으로 빠져들고 있었다. 반세기가 넘도록 함께 살아온 것이 후회스럽다는 생각뿐이었다. 섭섭했던 일들은 꼬리를 물고 구슬 꿰듯 이어졌다.

명절 전부터 찐 고생을 했는데 알아주지 않는 것도 섭섭했다. 대식구인 우리 집 모임은 며칠을 벅적거렸다. 손자들은 방학이라고 며칠 더 남았다. 저희끼리 모여 서울을 누비며 아침저녁 들락거렸다. 마음도 손발도 분주한 나날이었다. 어제 모두 떠나고 오늘에야 여유를 찾은 것이었다. 며칠 후 큰 딸네 손녀가 외국으로 떠난다고 인사를 온단다. 둘째 네, 군대 간 손자는 훈련을 마치고 오는 10일이 수료식이라 했다. 할머니, 할아버지가 꼭 참석해 달라고 하였다. 어차피 가는 차편이 있으니, 여행 삼아 함께 가야 한다고 딸까지 조르는 것이었다. 이런 상황을 뻔히 아는 남편이기에 남편에 대한 섭섭함은 더욱 컸다. 생각할수록 화가 치밀었다. 속을 끓이니 더욱 깊은 늪으로 빠져드는 기분이었다.

그러데, 남편은 기척이 없었다. 남의 속을 뒤집어 놓고 슬그머니 나가버린 것이었다. 나만 속을 끓이고 있는 것이었다. 이게 뭔가 싶었다. 공연히 나만 손해를 보고 있는 것이 아닌가, 어처구니가 없었다.

늦었지만 이제라도 도서관으로 가야 할 것 같았다. 가방을 메고 도서관으로 향했다. 일찍 와야 하는데, 빈자리가 없었다. 공연히 남편과의 언쟁으로 대가는 내가 톡톡히 받게 되었다. 여기저기 둘러보니 빈자리가 좀 있긴 하나 그 자리로 들어갈 용기가 나지 않아 주춤거렸다. 대부분 남자, 두툼한 책과 노트북 앞에서 몰입하는 열공들이다. 그 사이로 끼어들 용기가 없었다. 칸막이도 없으니 더욱 조심스럽고 부담스러운 자리였다. 나 자신도 신경이 쓰이지만, 그들이 오히려 내게 신경을 쓸 것 같았다. 머리가 허연 할머니가 독수리 타법으로 타자를 치며 끙끙거리는 것, 그들에겐 웃기는 모습이니 신경이 쓰일 것 같았다. 아니, 어쩌면 앞과 좌우를 의식하다가 내가 질식할 것 같았다. 모두 신중하고 무거운 분위기에 압도당하는 것이었다. 그 웬수 때문이라는 생각이 들면서, 다시 울화가 치밀었다. 컴퓨터는 연결할 수 없는 책상이지만 한적하고 외진 곳에 자리를 잡았다.

마음을 다잡고 몰입하려 하였다. 무엇을 쓸까? 다시 시작하고 다시, 또다시 반복해도 답답할 뿐이었다. 몇 달을 쉬었으니 그럴 만했다. 내게는 쉬었다는 것보다 뒷걸음질 한 것이 되었다. 중단했다가 다시 시작한다는 것이 이렇게 어렵다는 것, 새삼 깨우침을 알게 해주는 기회가 되었다. 자리는 잡았으나 머리에서 나오는 것도 없고 정리되는 것도 없었다. 아침에 남편과의 언쟁이 한몫한 것 같아 후회되었다.

　소득은 없고 시간만 보내다 집으로 돌아왔다. 아무도 없었다. 남편이 없어 다행이었다. 홧김에라도 저녁을 먹고 들어 왔으면 좋겠다. 거의 그럴 일이 없겠지만 기대를 해보았다. 어둑어둑해서 현관문이 열리며 헛기침 소리가 들렸다. 혹시나 하여 "저녁은?" 하고 물었다. 말을 더듬는다. 머리를 긁적이며 "저 저녁은 안 먹었고 점심은 먹었어."라고 했다. 그러면 그렇지. 나는 더 이상 말하기가 싫었다. 나는 하던 일만 그대로 하고 있었다. "너무 그러지 마. 남편이 기죽어 살면 되겠어."라며 내게로 다가왔다. 나는 정색을 하며, "맞아" "내 편이 아닌 남의 편이니 내 맘을 조금이라도 알겠냐."며 톡 쏘아붙였다. 뜻밖에 남편은 호탕하게 웃는다. "말이 되네." 하며 무얼 하면 "내 편이 되나?" 하고 능청을 떨었다. 언젠가 TV 프로에서 본 장면이 떠올랐다. 연세가 높은 고령의 할머니에게 아나운서가 물었다. "할머니, 할아버지를 어떻게 생각하세요?"라고. 할머니는 조금의 망설임도 없이 "웬수" 하며 휙 돌아앉는 모습이 떠올라 웃음이 터졌다. 지금 내 모습이 딱 그 할머니 같았다. 웬수! 나도 되뇌어 보았다.

　남의 편이든, 내 편이든, 어쩔 수 없는 나의 반쪽이다.

　세상 사는 동안 별수 있나. 서로 덮고 묻어가며 살아야지.

김치 수제비

 핸드폰 소리가 울려 폰을 들었다. '헤헤헤' 애교의 웃음, "할머니 지금 어디야?"
 속을 빤히 알고 있는 나. 모르는 척하고 왜? 하고 되물었다.
 "할머니! 11호 손자 배고파. 지금 죽을 것 같아"
 호들갑을 떨었다. 11호는 열한 번째 막내 손자인데 별명으로 불리는 이름이다.
 오늘 시험이 끝나서 책상에서 해방되었다고 할머니 집으로 달려갈 테니 김치 수제비를 해 놓으란다. 부탁이 아닌 명령이었다. 아침도 안 먹고 학교에 갔기 때문에 배고파 죽을 것 같다고 법석을 떨었다. 나는 귀찮다는 생각에 재료가 없어서 못 한다고 핑계를 댔다. 하지만 이런 핑계가 통하지 않는 손자였다. 할머니에게는 요청만 하면 된다고 생각하기 때문이다. 손자의 속을 뻔히 알면서도 모면해 보려 했지만 속수무책이었다. 오늘 시험은 하나만 틀리고 잘했으니 보상을 하라는 투쟁 같았다. 손자들에게 늘 밀리면서, 부딪히며 살아가고 있는 나였다. 더욱 가까이 사는 11호에게는 핑계도 사정도 통하지 않음에 두 손을 드는 것은 항상 내 쪽이었다. 그래라. 돈 드는 것도 아니니 해 달라면 해주어야지. 체념하고 수제비 반죽을 시작했다.

4남매 자식들을 키우면서 익숙해진 우리 집 음식이었다. 그것이 손자들에게까지 대물림이 된 것이었다. 네 아이가 학교 갔다 오면 먹을 것을 찾곤 했다. 그럴 때마다 해주었던 것, 쉽고 돈도 별로 안 드는 것이 김치 부침, 김치 수제비였다. 한창 먹을 때인 초, 중고였으니 무엇을 주던 군말 없이 맛있게 먹었다. 그러기에 학교를 보낸 후 김치를 숭숭 썰어 넣고 밀가루 부침 반죽을 미리 해 놓았다. 하교 시간쯤 되어 부쳐두었다. 들어오는 아이들에게 한 김 나간 것을 한 조각씩 주면 게 눈 감추듯 먹었다. 아이들이 해 달란 말을 하지 않아도 내가 해줄 수 있는 간식이었다.

김치 수제비도 저렴한 비용에 푸짐하게 먹을 수 있는 음식 중 하나였다. 고등학교 때부터는 도시락을 두 개씩 싸서 다녔다. 점심 저녁, 학교에서 도시락으로 저녁까지 먹고 온 아이들이 출출하고 배가 고픈 저녁 시간이었다. 이 시간에 김치 수제비는 최고의 요리가 되었고, 마음과 배를 채워주는 음식이 되었다. 이러한 우리의 생활이 일곱 식구에게

의연 중 익숙해진 것이었다.

  우리 집에서 학교에 다니던 손녀가 팔월 말, 기숙사 입소를 위해 짐을 옮겨야 했다. 저의 집이 너무 멀어 시흥에 사는 딸이 짐을 옮겨 주기로 했다. 같은 학번인 막내 손자와 함께였다. 출발하면서 김치 수제비와 김치 부침을 주문하고 올라왔다. 나는 마음이 급했다. 도착 즉시 먹을 수 있도록 수제비 반죽을 하며 육수를 끓이고 부침 반죽을 하였다. 아니나 다를까 한 시간 후쯤 도착한 그들에게 부쳐놓은 김치 부침을 내놓았다. 맛있게 먹었다. 김치 수제비 국물에 해 놓은 수제비 반죽을 얄팍하게 뜯어 넣었다. 다 끓은 수제비도 한 그릇씩 퍼다 주었다. 이 더운 날씨에 수제비는 맞지 않은 음식 같았으나 잘도 먹었다. 딸은 우리 집에 올 때 아이들에게 할머니 집에 가자고 말하지 않고 김치 수제비 먹으러 가자고 말한다고 했다. 그 말에 손자는 김치 수제비 레시피를 누구에게 전수하고 갈 것이냐고 물었다. 나는 레시피가 따로 없고 주먹구구식이라고 답했다.

  잘들 먹고 떠난 자리가 쓸쓸했다. 집안에 가득했던 손녀의 훈기가 스러져가는 한적함으로 변했다. 아쉽다고 생각했지만 여유로움의 쉼이 내게 찾아왔다.

  다음날, 어제 왔던 딸에게서 전화가 왔다. 오늘은 두 손자를 데리고 온다고 하였다. 김치 수제비 먹으러 가는 것이라고 했다. 어제처럼 김치 수제비와 김치 부침을 해 놓으라고 했다. 더운 날에 김치 수제비나 김치 부침은 맞지 않는 음식이 분명했다. 겨울 같으면 뜨끈한 국물을 후후 불어가며 한 그릇 먹으면 속이 확 풀리는 음식이다.

철도 절기도 모르는 우리 집 아이들이다. 하루가 멀다 오가는 아이들의 음식 주문은 항상 김치 수제비였다. 먹으러 나가는 것도 싫다니 귀찮기는 하지만, 작은 수고로 나와 애들이 행복할 수 있었다. 그래서 나는 싫지 않았다. 포항에서 가끔 오는 아들도 마찬가지다. 바쁜 시간에 쫓기다 보니 쉽게 집에 들를 수 없었다. 하지만 자신의 딸이 있기에 억지로라도 들르면 수제비를 주문하곤 했다.

추석도 가까이 오니, 조금씩 준비를 해야 할 것 같았다. 남편에게 밀가루 주문을 하였다. 2.5kg 두 개를 부탁했다. 한 포는 예비용, 한 포는 반죽해 놓아야 했다. 두 조가은 냉동에 넣어 보관해두고 두 조각은 냉장에 넣어 둘 것이다. 언제 어느 때 누가 와서 주문하든 쉽게 해줄 수 있도록 반죽을 해 놓으면 내가 편했다.

추석이나 설 같은 가족 모임이 있을 때는, 특별히 음식을 장만하지만 있는 동안 김치 수제비는 거의 빼놓지 않고 한두 번은 먹어야 하는 음식이 되었다. 많은 식구가 4~5일, 아니면 3~4일은 있어야 했다. 청소년인 손자들의 먹성은 대단했다. 맛도 맛이지만 양이 많아야 하는 우리 집, 비싼 것이 아닌 수제비가 인기인 것 또한 감사했다.

자녀와 손자들이 좋아하는 것을 해줄 수 있어 행복하기에 누가 시키지 않아도 수제비 반죽을 주무르고 치대곤 했다. 반죽이 잘 되어야만 맛있는 수제비로 제 몫을 다한다. 국물도 묵은김치를 잘게 썰어 김칫국물, 양에 따라 적당히 육수를 넣어 끓여야 한다. 얼큰하고 깊은, 묵은김치의 국물 맛, 그리고 아기의 볼처럼 야들야들 보들보들하게 반죽을 하는 것이다. 손가락으로 반죽을 콕 찔러보면 보드랍지만 탄력이 있는 느낌이다. 이러한 반죽을 얄팍얄팍하게 만들어 떼 넣으면 쫄깃쫄깃한 수제비가 된다. 시도 때도 없이 불시로 나타나는 11호 손자의 주문을 위해 나는 오늘도 밀가루 반죽을 하고 있다.

제3부

고향으로 갑니다

안귀미雁歸湄강과 괘암卦岩

내 고향은 자연경관이 참으로 아름다운 임진강 강가에 자리한 곳이다. 안귀미雁歸湄 샛강을 옆으로 하고 임진강 강물이 들어오고 나가는 고야위 촌락이다. 임진강 북쪽에는 고랑포 포구가 있어 황포 돛단배가 떠다니고, 임진강 상류에서 뗏목이 물결 따라 살 같이 지나는 그림 같은 곳이다. 황포 돛단배는 남과 북의 물류 교류를 이어주었고, 일제 강점기 해방 전후에는 서울 마포, 인천 강화의 생활필수품을 수송하는 배이기도 했다. 고랑포는 개성 다음의 큰 시가지, 5일 장으로 유명한 상업 시가지였다. 우리 마을의 일상생활에 도움이 되는 곳이었다.

임진강 남쪽인 경기도 파주군 적성면 장좌리, 한국 전쟁 전 20여 호의 청주 '곽' 씨들이 모여 살았던 집성촌으로 340년을 자리하고 살았다. 하지만 한국 전쟁으로 우리 마을은 만신창이가 되었다. 현재까지 내 땅에 내 집을 짓고 살 수 없는 곳이다. 전쟁은 멈췄지만, 여전히 주거할 수 없는 곳이다. 아직도 전쟁 중인 것 같은 곳이기도 하다. 이웃하고 함께 살아왔던 일가친척들과는 전쟁과 동시에 흩어지게 되었다. 지금까지 소식조차 단절된 친척들도 있다. 면내 16개 리에서 유일하게 우리 마을만 군사적 필요로 그러하단다.

장좌리 중에서도 바로 강가 고야위 마을은 옛날부터 아름답기로 소문이 난 곳이었다. 수를 놓아 걸어 놓은 듯한 강가의 절벽! 절벽의 높이가 30m, 그 아래로 검푸름이 강물의 깊이를 짐작하게 하였다. 명주실 한 타래가 다 들어가는 깊이라고 전해졌다. 수초가 풍성하여 다양한 어류들이 철 따라 모여들었고, 절벽 정상에는 오랜 풍수를 견딘 소나무의 자태로 한층 멋스러웠다. 봄부터 진달래, 철쭉꽃이 피어 아름다움을 드러내는 곳, 진달래꽃이 화려한 절경으로 강불에 낙화할 즈음에는, 참복어 떼가 무리 지어 올라왔다. 보리가 누렇게 익어갈 즈음에는 잉어 떼가 무수히 올라오는 곳, 계절에 따라 사시사철이 풍요의 어장이었다.

눈이 부시도록 반짝반짝 하얀 빛을 뿜는 작은 모래섬이 큰 강과 작은 샛강을 만들어 주었고, 모래섬 건너 멀찍이 보이는 큰 강에는 황포 돛단배가 떠다니고, 가끔 상류에서 떠내려오는 뗏목으로 낭만의 절경을 이루었다. 철 따라 모여드는 각종 새는 사시사철 먹이의 낙원인 큰 강과 샛강을 끊이지 않고 모여들었다. 새가 많이 모여드는 샛강, 편안하고 아름다운 곳이라 하여 '안귀미$_{女歸美}$'라 부르게 되었다. 안귀미강은 주변 아이들에게는 최상의 놀이터였고 원근 각지 학교 소풍 장소로도 빼놓을 수 없는 곳이었다.

수정같이 맑은 물, 크고 작은 물고기 떼, 조개, 새우 등 병풍 같은 석벽의 어우러짐은 마치 거울 앞에서 마주 보는 듯 선명하게 드러났다. 풍류를 즐기는 풍류객들이 배를 띄워 즐기는 한 장소이기도 했다.

강 옆으로는 넓은 바위가 마당처럼 깔려 있다고 해 마당바위라 불리는 곳도 있다. 마당바위는 마을 아낙들이 모이는 빨래터이자, 이야기꽃을 피우는 담소 장으로도 손색이 없었다. 어른과 아이 모두에게 낙원과 같은 곳이 되었다. 아이들은 물속을 드나들며 물고기와 친구를 하였고, 아낙들은 아이들이 잡아 온 새우, 게, 조개 등을 빨래 삶는 불에 구워 먹였다. 강둑길을 따라 우거진 갈대숲은 수종의 어류와 조류의 술래잡기 장소가 되었다. 가을바람에 날리는 갈색 솜털의 간들간들함 또한 장관이 아니던가.

빼어난 안귀미의 자연경관에 배를 타고 지나가던 '허미수'란 장수가 은관자 서 말과 바꾸자고 선대 어르신께 찾아온 것을 거절하여 보냈다고 했다. 그 장수는 그대로 돌아갔지만, 그 절경 안귀미를 잊지 못하고 다시 찾아왔단다. 절벽을 타고 올라가 '괘암$_{掛巖}$'이라고, 눌러쓴 글씨를 맨손으로 새겼다고 했다. 그로부터 '괘암마을'이라 불렸으며, 오랜 세월 불려오다 '고야위'로 변형되었다. 그 바위에 흐릿한 '괘암' 글자가 여전히 지금도 보인다고 했다.

우리 집 사랑채 툇마루에 앉아 안귀미安歸美강을 내려다보면 마치 우리 집 정원 같았다. 우리 집은 유난히 꽃이 많아 꽃으로 둘러싸인 집, 꽃집으로 알려졌다. 마당 가에 무궁화, 해당화, 함박꽃, 각종 난, 다양한 다년생 꽃나무들이 둘러있었으며, 마당 왼쪽으로 돌계단 서넛을 내려가면 한여름에도 이가 시린 샘, 바가지 우물이 있었다. 우물가를 빙 둘러 마당 가에는 일년초들이 꽃을 피웠다. 사랑채에서는 서당으로 천자문 읽는 소리까지 어우러지는 진풍경이었다. 주변의 부러움을 자아내던 우리 집이었다. 칠십 년 세월이 지난 현재, 모두 논밭이 되어 마을의 흔적을 찾아볼 수 없었다.

　자랑스러운 내 고향, 우리 문중 가문에 상상조차 할 수 없는 불행이 찾아왔다. 1950년 6·25 한국 전쟁에 이어 1·4 후퇴로 우리 마을은 처참한 폭격과 총알받이로 폐허가 되었다. 340년을 아기자기 살아온 문중, 집성촌은 하루아침에 만신창이가 되었고 풍비박산이 되었다. 우리 일가의 가장 아픈 역사로 이어지고 있는 한국 전쟁이다. 5남 1녀의 아버지 형제는 전쟁의 피해로 남자들 대부분을 잃었다. 그다음 대, 나의 세대까지 여자들 결혼식에 신부 입장 시킬 남자가 없어 두 살 위인 사촌오빠가 다섯 집의 아버지 역할을 해야만 했다.

　안귀미 모래섬 샛강도, 마당바위도 흔적 없이 사라졌다. 군사적 필요에 따라 폭파되었기 때문이다. 아름다운 마당바위를 깨어 강둑 방어벽을 쌓아 올렸다. 우리 마을 '고야위'는 현재까지도 미 주거지역으로 되어 있어, 집을 짓고 살 수 없는 곳으로 되어있다. 하지만 세월이 가고 세상이 수없이 바뀌어도, 내 안에 담긴 나의 고향은 고스란히 나의 추억 속에 담겨있었다. 안귀미강과 괘암은 오늘도 묵묵히 우리를 기다리고 있을 것이다.

꽃으로 둘러싸인 우리 집, 바람결에 떠다니는 황포 돛단배, 미끄러지듯 지나가는 뗏목, 철 따라 찾아오는 새들의 무리, 마당바위 빨래터, 반짝이는 모래섬…. 언제든 소환하면 신기하게도 그림처럼 내 앞에 펼쳐지고 있다.

고향 교회에서

나만 그럴까? 나는 고향이 좋다. 그냥!

세월이 가고 머리가 희어져 가면서 고향에 대한 애정과 어릴 적 친구들이 사무치게 그리울 때가 잦았다. 훌쩍 달려가고 싶은 마음이나 삶이 분주하다는 핑계로 여기까지 왔다. 몇 명 안되는 여자 친구들은 결혼과 동시에 모두 고향을 떠났다. 부모님이 살아 계실 때에는 몇 년에 한 번이라도 만날 기회가 있었다. 하지만, 부모님이 세상을 떠난 후로는 쉽지 않았다.

남자 친구들도 성인이 되면서 대부분 대도시로 떠났고 고향에 남아 있는 친구들이 별로 없었다. 그래도 그루터기처럼 몇 명이 고향 지킴이로 살아가고 있었다. 고목처럼 시커먼 속을 비워가며 자리를 지키는 뚝

심이 대단하지 않은가. 변하는 세상을 모르는 듯, 한결같은 그들은 마을 앞에 서 있는 정자 같았다. 길손들이 비바람을 피할 수 있는, 때론 강한 햇살의 그늘이 되어주는 편안한 정자나무 같았다.

　육체적 노동에 비하면 수지타산이 맞지 않는 것이 농사이다. 그러나 조상으로부터 물려받은 전답, 그것을 지키려 모두를 내려놓고 살아온 그들이다. 이제는 그들 또한 물러서야 하는 시간이 되었다. 그의 자식들에게 물려주고 있었다. 고향을 지킨다는 것은 마음을 비워야만 하는 것이다. 하지만 현실은 다르다. 물질과 편안함을 추구하는 시대이다. 전보다 나은 삶을 위해 과감하게 고향을 떠나는 것은 현재를 살아가는 이들의 보편적인 추세이다. 부요富饒와 안락을 누릴 수만 있다면, 언제든 고향을 뒤로하고 떠나는 현실, 오히려 그것을 잘한 것이라 박수받는 세상 아닌가.

　고향을 떠나 사는 그들, 과연 그들은 행복하다고만 할까? 그렇다고 말하며 잘했다고 생각할지도 모른다. 그러나 자신 안에 담겨있는 고향은 잊지 못하고 있을 것이다. 마음 깊이 앙금이 되어 가라앉아 있을 뿐이다. 속내를 휘휘 저어보자. 옛 고향, 어릴 때의 정취를 소환해보자. 얼마나 행복하고 아름다운지, 그리고 얼마나 소중한지를. 젖어드는 그리움, 잊혀가는 아쉬움에 목이 마르다.

　나는 오늘 오랜만에 고향 교회를 찾았다. 어릴 때 다니던 교회이다. 초등학교 때 친구를 만났다. 팔십의 백발로, 코흘리개 친구들의 후손인 자식들과 손자들도 만났다. 어릴 적 내 동무들을 만난 듯 반가웠다. '고맙구나! 너희들이 나의 고향을 지켜 주었구나.' 그동안 그들에게 얼마나 많은 아픔이 있었는지 나는 잘 알고 있었다. 고향을 떠나고 싶은 사연들이 많았던 그들이다. 남들이 알게 모르게, 모두를 가슴에 묻고 고향만을 지켜 온 승리의 영웅들이었다.

　엄마 등에 업혀 떠났던 고향, 부모님 손에 끌리듯 고향을 등지고 떠났던 타향살이, 피난민이란 이름표를 떼고 고향으로 돌아왔을 때의 그 감격, 잿더미로 변한 옛 집터에 다시 내 집을 세워가는 것, 수년 동안 묵혔던 논밭을 경작한다는 것 등 힘겨운 고난의 연속이었다. 인내만이 살아내는 최선이었다. 곳곳에 가로막힌 철조망, 산인지? 숲인지? 분간할 수 없는 전답, 농사일에 큰 몫을 하는 농우는 전쟁의 후유증으로 찾아볼 수가 없었다. 농기구란 자신들의 손과 발, 몸뚱이뿐이었다. 그래도 내 고향 내 땅에서 농사를 짓는다는 것은 희망의 빛이었다. 밤낮없이 일에 묻혀 살아도 지칠 줄을 몰랐다. 남자 어른이 있는 집들은 돌아오지 않은, 주인 없는 땅까지 대농을 하였다. 고향에서의 삶은 육체적 고통보다 더 큰 아픔이 있었다. 포탄의 잔재로 일어나는 사고였다. 땅속에 묻힌 지뢰 폭발로 목숨을 잃고, 팔다리가 잘리는 장애로 평생을 살아야 하는 비참한 일들이 있었다. 그들은 모두가 우리의 이웃이었고, 친구였고, 친인척, 부모 형제들이었다.

　지뢰가 있는 곳은 철조망으로 막아놓았다. 철조망에는 삼각 모양의 붉은 철 조각을 달아 놓았다. 바람이 불면 댕그랑댕그랑 소리가 났다. 어두운 밤에는 소리만 듣고도 지뢰밭임을 알 수 있었다. 그곳은 누구도 들어갈 수 없었다. 자신의 땅이라도 경작할 수 없었다. 문제는 지뢰 표시가 없는 곳에서 사고가 일어났다. 예측 못 한 곳에서 사고가 났다. 아이들의 사고도 빈번했다. 폭발 잔여물을 두들기며 놀다가 터졌고, 고물로 주어 팔거나 엿을 바꾸어 먹으려다 일어나는 사고도 있었다. 농사를 짓는 과정에서 일어나는 지뢰 사고가 많았다.

정전협정 후 한 치의 땅이라도 더 차지하려 뺏으려는 쪽과 뺏기지 않으려는 남북의 기 싸움은 전쟁 이상으로 치열했다. DMZ 일대뿐 아니라 군사분계선과 민간인 출입통제선 일대 등 곳곳에 지뢰가 매설되었다. 적의 침투를 막는 목적이 우선이었고 북으로 넘어가는 아군을 막으려는 목적도 있었다고 했다.

탱크지뢰(M15)는 사람들에게 쉽게 눈에 띄지도 않고, 사람이 밟아서는 폭발하지 않는 거대한 것이었다. 그러기에 보통지뢰를 무서워했다. 보통지뢰는 사람이나 농기구로 건드리거나 밟으면 생명을 잃거나 팔다리가 잘리는 무서운 것이었다. 이런 일들이 1980년대 초반까지도 비무장지대뿐만 아니라 최전방인 우리 고향 지역에서 심심찮게 일어났다.

공보에 의하면 남측이 127만 발, 북측에서 80만 발이 매설되었다고 예상했다. 지뢰매설 밀도로 한반도가 세계 1위라고 했다. 남북한 모두 지뢰지대를 표시는 했지만, 폭우나 폭설 등으로 유실되어 위험성이 높았다.

오늘 함께 예배한 저들의 형제와 부모, 이웃들이 지뢰 사고, 폭발물 사고로 큰 피해를 당한 당사자들이었다. 그들은 사망했거나 장애로 일평생을 살아야 했다. 나의 친구 일가들도 그랬다. 그 아픔을 견디며 여기에 이르렀다. 그래도 부모의 뒤를 이어 고향을 지키며 살아가고 있었다.

  아득히 먼 것 같다. 남북의 냉전이 언제까지 이어질지? 언제쯤 내 고향에도 집을 짓고 일가친척과 이웃하며 살아갈 날이 올까!

고향으로 갑니다

 나이가 들면 어린애가 된다더니 그 말이 맞는 것 같았다. 어머니와 아버지는 이미 세상을 떠나신 지 오래되었다. 이제는 내가 등 굽은 노인으로 살아가고 있으니 내가 기억하고 있는 아버지보다 나는 훨씬 나이든 노인이 되었다. 일곱 살에 사별한 아버지, 긴 세월 팔십 년, 백 년, 그 이상이 된다고 하여도 내게는 여전히 젊은 40대 초반의 아버지가 나의 아버지이다. 그 젊은 아버지가 지금 여기에 누워 계신다. 어리광 부리던 여섯 살, 마냥 행복했던 그 시절에 나는 지금도 머물러 있다.
 나는 부모님 산소를 자주 찾았다. 어머니와 아버지가 이곳에 있는 것 같아 좋았다. 부모님과 행복했던 기억들이 소슬소슬 피어나는 곳이요, 반면에 아버지 없이 살아온 아픔과 상처, 외로움과 괴로움의 아린 기억들이 봇물처럼 밀려오는 곳이기도 하다. 나의 과거와 현재를 이렇게 오가면서 평온함으로 감싸주는 따뜻한 곳이 되었다. 그리운 부모님이 자리하고 누워 계신 곳, 이곳이 나의 고향이어서 참 좋다.

  모내기하려고 고향에 내려왔는데 갑자기 모 이양기에 문제가 생겼다. 자연스럽게 모내기는 연기되었다. 이대로 서울로 돌아가기가 아쉬워 부모님 산소에 들렀다. 산소 등에 잡초가 듬성듬성 있어 뽑으니 애리애리한 파란 잔디가 깔끔해졌다. 새 옷으로 단장한 부모님의 나들이하는 모습 같았다. 나의 부모님 묘는 사철이 아름다운 동산에 있었다. 철쭉나무로 가득한 동산, 이른 봄부터 진달래꽃, 철쭉꽃을 피워내는 꽃동산이었다. 이 아름다움은 오랜 세월을 이어가고 있었다. 오래 묵은 철쭉나무가 해가 갈수록 죽으며 살며 제멋대로 서 있었다. 산소에 올 때마다 가지치기를 꾸준히 해주었더니 큼직큼직한 꽃 둥치가 이제는 제법 잘 어우러졌다. 꽃이 만발할 때에는 잘 가꾸어진 정원처럼 볼만하다. 산소 둘레의 돌에 걸터앉아 주변을 바라보면 유유히 흐르는 강물은 멈춘 듯이 잔잔하다. 농부들의 수고와 땀으로 얌전스레 손질된 논과 밭은 자연과 어우러져 평화로운 전경으로 한눈에 들어왔다.

  어릴 적 내가 살았던 우리 마을, 경기도 파주군 적성면 장좌리(고야위)가 한눈에 들어왔다. 정겹던 옛 고향마을이 눈에 선하게 보이듯 전신으로 스며들었다. 여기에서 조금 내려가면 우리 집터가 있다. 마을에서 꽃나무가 가장 많았던 집, 소문난 꽃 대궐이 우리 집이었다. 우리가 먹고 살았던 샘물, 차고 맛좋기로 알려진 바가지 우물 자리도 보였다. 그 자리에서 여전히 샘물이 솟아 나오고 있었다. 정감 있었던 본래의 바가지 우물은 전쟁의 격동으로 파괴되었다. 우물가에 둘러있던 무궁화, 해당화, 매화 등의 꽃나무들도 간 데가 없다. '바가지 우물', 우리가 먹고 살았던 샘물은 예나 지금이나 멈추지 않고 솟았다. 샘물은 밭둑 길을 따라 작은 도랑을 만들어 흘러가고 있었다. 우물에서 조금 내려가면 다섯째 막내 작은아버지 댁, 그 옆으로 조금 걸어가면 넷째 작은아버지 댁, 강가로 내려가는 길옆에는 첫째 큰아버지 댁이 있었다. 그곳에는 할머니가 사셨던 커다란 집이 있었다. 우리 집에 가기 전, 우측으로는 흥새 언니 집, 그리고 큰 우물이 있는 당숙 댁, 마을 모두가 한눈에 들어왔다. 나의 아버지 사고 후에도 비행기 폭격은 계속되었다. 아홉 식구가 살았던 흥새 언니 집이 폭격을 맞았다. 아홉 식구 중 여덟 식구가 모두 사망했고 초가집은 완전히 전소되었다. 그 빈터에는 잡나무와 각종 넝쿨이 수십 년 뒤엉키어 흉물스러웠다. 보통은 집터를 개간하여 농사를 짓지만, 대가족의 죽음이 꺼렸는지, 그 누구도 집터에는 손을 대지 않았다. 우리 집과 가장 가까워 늘 내 집처럼 드나들던 언니 집이었다. 유일하게 살아남은 아저씨는 어찌 되었는지 소식조차 없다고 했다. 우측 논둑길을 따라 올라가면 둘째 큰아버지와 친척들이 살았던, 향나무가 많다고 '향남백이'라 불리던 곳도 보였다. 당시 유일하게 서울에서 대학을 다녔던 사각모자 사촌오빠 집이었다. 나의 아버지는 대학생 사촌오빠를 보면서 나를 그 오빠처럼 키우는 것이 꿈이었단다. 가문에 자랑이었던 오빠 역시 한국 전쟁의 전사자로 골분만 고향으로 돌아왔다. 그것도 다행이라고 친척들은 위로로 삼았다. 지금까지 전사통지서 종이 한 장만으로 견디는 일가친척들이 있기 때문이었다. 우리 집도 그에 속했다.

　살아만 있으면, 생명이 있다면 꽃을 피울 수 있었다. 우리 집 울타리였던 개나리는 동산 중턱으로 옮겨가며 생명을 보존했다. 전쟁의 긴 여정에서 돌봐 주는 주인이 없었다. 죽어가기를 반복했다. 생명을 부지하기 위해 땅속으로 뻗어갔다. 생명을 보존하기 위함이었을 것이다. 움이 트고 몇 줄기의 가지가 뒷동산 중턱에서 자리를 잡았다. 그리고 지금은 꽃을 피우고 있었다.

　세상이 변하고 갈리어도 우리 집 바가지 우물 역시 생명줄을 놓지 않았다. 그 자리에서 여전히 샘이 솟아 흐르고 있었다. 그러기에 고향을 찾는 이들의 목마름을 해갈해주고 있었다. 사는 것보다 죽는 것이 낫겠다고 했던, 우리도 살아있어 가지가 풍성한 정자로 내 몫을 다 하고 있다. 이제 모두를 기쁨으로 마무리할 수 있어 오직 감사뿐이다. 멈추지 않고 솟아나는 바가지 샘! 뒷동산 중턱으로 옮겨진 우리 집 울타리, 노란 개나리! 저들이 있는 내 고향은 모두 나의 어릴 적 친구이자 노년에도 변함이 없는 나의 친구들로 그 자리를 지키고 있었다.

　언제 찾아와도, 과거와 현재 나의 모두를 품어주는 고향!
　모두를 끌어안아 주는 부모님의 숨결이 들려오는 곳!

고향으로 갑니다

노란 개나리와 초가집

 추운 겨울을 보낸 앙상한 가지들과 마른 풀잎들은 작은 바람에도 사그락사그락 옷깃을 여미게 하였다.
 우리는 동산 중턱을 따라 듬성듬성 피었다. 인가도 없는 한적한 곳, 심지도 않았고 가꾸어 주는 이도 없었다. 오랜 세월 칠십 년이 지나고 있다. 지난해에 이어 올해도 우리는 여전히 노란 꽃을 피워냈다. 올해는 가지가 제법 늘어지고 여러 송이가 피어 어우러졌다. 지나가는 사람들의 시선을 끌기에 충분했다. 사람들은 우리를 개나리라고 불렀다. 겨울이 다 가기도 전, 양지바른 동산 중턱에 잎도 없는 가지에서 노란 꽃을 살포시 피웠다. 파란 하늘, 눈부신 햇살을 받으며 노란 꽃잎을 함빡 피워냈다. 봄소식을 제일 먼저 전하고 싶어서 겨울에도 따스한 햇살이 다가올 때면, 노란 입을 크게 벌려 희망을 전해주고 싶었다. 희망을 알리고파서 피어나는 꽃, 그래서인가 꽃말이 '희망, 그리고 나를 잊지 마세요'라고 한다.

양지바른 동산 아래 아담한 초가집이 있었다. 마치 알을 품은 듯 노란 개나리 울타리에 둘러싸여 있었다. 노란 개나리가 입을 열어 봄소식을 알려올 때쯤, 새끼병아리들이 태어났다. 새끼병아리들은 노란 개나리 울타리 밑으로 모여들었다. 새끼병아리들은 노란 꽃잎을 입에 물고 종종걸음으로 따스한 햇살을 찾아 몰려다녔다. 엄마 닭은 발 갈퀴로 양지쪽 담 밑을 파헤치며 새끼병아리들에게 먹이를 찾아주었다. 종종걸음으로 엄마 뒤를 따르는 병아리들이 앙증스럽고 사랑스러웠다.

우리 꽃으로 둘러싸인 초가집에는 아가와 엄마 그리고 아버지가 살고 있었다. 사랑스러운 아가는 병아리들과 친구가 되었다. 병아리를 따르며 노란 꽃잎을 입에 물고 함께 놀았다. 노란 우리 꽃잎이 떨어지고 초록 잎으로 갈아입을 때였다. 노란 꽃잎을 입에 물고 놀던 병아리도 초가집 아가도 예쁜 동생이 생기고 언니가 되었다. 초가집에서는 우리의 꽃잎이 피어나듯 행복한 웃음꽃이 날마다 피어났다.

웃음도 기쁨도 행복도 잠깐뿐이었다. 듣지도 못하고 생각조차 못 했던 무서운 일들이 일어났다. 한국 전쟁이라고, 그것이 무엇인지 우리도 아가들도 몰랐다. 개나리를 가꾸고 돌보아주던 주인들이 떠났다. 머얼리 아주 멀리 떠났다. 수백 년 이어온 초가 마을은 하루아침에 풍비박산이 되어버렸다. 마을 사람들은 모두 떠나고 우리만 남게 되었다. 주인이 떠난 우리 마을에는 아무도 살지 않았다. 우리는 스스로 지키며 살아내야 했다. 힘겨웠다. 생명을 부지하기란 쉽지 않은 일이었다. 시도 때도 없이 퍼붓는 포격과 화약 냄새로 우리는 나날이 죽어갔다. 억센 잡초들까지 덮쳐 와서 힘들게 하였다. 살아갈 힘을 놓을 수밖에 없었다. 가지도 뿌리도 나날이 죽어가고 있었다. 그때 반가운 소식이 들려왔다. 고향을 떠났던 마을 사람들이 돌아온다는 소식! 그러나 우리의 주인은 돌아오지 않았다. 이곳은 사람들이 살아갈 수 없는 곳이라고 했다. 고향을 잊지 못하는 소수의 마을 사람들이 오가며 농사를 짓기 시작하였다. 그러나 대부분의 논밭은 이방인들에게로 넘어갔다.

　긴 세월 근근이 생명을 부지하고 살아온 우리에게, 이방인들의 손길은 매섭고 무섭기만 했다. 집터를 개간한다고 잡초를 뽑고 갈아엎었다. 우리의 줄기를 자르고 뿌리까지 뽑아냈다. 우리는 살아갈 힘을 잃어갔다. 땅속으로 뿌리를 옮겨갔다. 살아남기 위해서 힘을 다했다. 돌과 덩치 큰 나무뿌리가 우리의 길을 막았다. 우리는 포기할 수 없었다. 돌을 피하고, 나무뿌리 사이사이를 피해 가녀린 뿌리를 내렸다. 우리는 뿌리에서 뿌리를 내리고 싹이 돋아나고 줄기가 나왔다. 억센 엉겅퀴와 잡초의 괴롭힘은 살을 파고드는 고통과 아픔이었다. 하지만 견디어야 꽃을 피울 수 있었다. 초가집 주인이 돌아오는 날까지 견디어야 했다. 하지만 약해서 죽고 썩어서 죽었다. 견디고 견딘, 살아남은 우리는 동산 밑으로 뿌리를 옮겼다. 산자락을 타고 동산의 중턱까지 올랐다. 고통은 참고 견디어야 했다. 생명을 지키기 위해서 이렇게 서로 기대고 의지하며 견디어 왔다. 여기까지 새봄이 돌아왔다. 눈부신 햇살에 힘이 솟았다. 높은 하늘을 향해 힘차게 발돋움하고 일어섰다. 우리는 꽃을 피워냈다. 희망을 피워냈다. 나비와 새싹들이 춤추며 노래를 불렀다. 봄비와 햇살과 함께 어우러져 노란 꽃을 피워냈다.

이제 초가집 아가도 돌아왔다. 할머니가 되어 흰머리에 구부정한 허리를 펴 우리를 바라보고 있다. 환한 미소로 띄엄띄엄 발걸음을 옮겨 우리를 향해 오고 있다. 이제 우리는 그와 다시 만남을 이루었다. 동산에 올라 옛 초가집을 그리며 한결같은 임진강 푸른 물에 모든 걸 띄웠다.

노란 초가집! 노란 개나리 울타리! 그리고 노란 새끼병아리가 있고 초가집 아기가 있는 그곳으로 노란 개나리의 희망은 여전히 흐르고 있다.

단어만으로도 아름다운 그리움

 어젯밤에 눈발이 날렸기에, 아침 일찍 창문을 열어보았다. 시야에 들어온 눈 덮인 세상, 백설의 황홀함에 눈이 부시다. 정신없이 자는 딸을 흔들어 깨웠다. 눈이 왔으니 어서 일어나 눈을 보라고 했다. 나처럼 눈을 좋아하는 딸이었기에 함께 나가서 즐기고 싶었다.
 "나 어떻게 가지."
 비몽사몽 중에 딸의 대답은 뜻밖이었다. 좋다고 벌떡 일어날 줄 알았는데 실망스러웠다. 나의 기대와는 달리 눈길에 차를 몰고 서울 갈 걱정이 컸나 보다. 오늘 교육청에 들어갈 일이 있어 서울에 가야 한다고 했다. 함께 눈을 즐기려 했던 나는 기운이 빠졌다. 내가 시골 온다는 것을 알고, 어제 딸이 퇴근 후 데려다준 것이었다. 나이든 어미가 신경이 쓰였기에.

  잠결에도 서울 갈 걱정부터 하는 딸이 맘에 걸렸지만, 오랜만에 하얀 세상이 나를 유혹했다. 황홀경을 쓴 듯, 눈으로 뒤덮은 아름다움에 나 혼자 밖으로 나오고야 말았다. 눈길에 차를 몰고 갈 딸은 놓아두고 혼자 나왔다. 와! 밤사이에 이렇게 많은 눈이 내렸다니 믿기지 않았다. 언덕 위에 자리 잡은 우리 집, 큰 마을이 한눈에 들어왔다. 이 신기함! 겨울의 마법에 걸렸나 보다. 마을 전체가 신세계로 변해 있었다. 아름답다는 말로는 부족했다. 무아 세계 같은 황홀한 어젯밤, 이곳 마을에 들어설 때의 모습이 전혀 아니었다.

  어제의 마을은 오랜 세월에 낡고 빛바랜 쓸쓸함이었다. 긴 세월에 노화된 마을, 허술한 집들은 내게 서글픈 마음이 들게 했다. 하룻밤 사이에 전혀 다른 세계, 신묘막측하리 만큼 아름다운 세상, 장관이다. 감탄사가 절로 나왔다. 늘 행복을 안겨주었던 고향, 어릴 때부터 마음 깊이 자리한, 아름다운 이야기가 가득한 사랑스러운 고향! 낡고 허름한 집도 잘 지은 집도 하얀 눈으로 덮였다. 꿈이 가득한 내 고향의 산과 들, 모두가 하얀 눈꽃으로 덥혀있었다.

  잎이 떨어져 앙상하게 메말랐던 나뭇가지에 쌓인 눈! 눈의 무게에 축축 늘어져 있었다. 춤추는 여인의 칭칭 감긴 드레스 모습 같았다. 세상 어디서도 볼 수 없는 내 고향만의 아름다움 같았다. 대로도, 소로도, 높고 낮음도, 멀고 가까움까지 하얗게 그려진 화폭이 섬세하다. 하나님의 솜씨, 자연현상을 그 누가 따라가랴.

아무도 밟지 않은 하얀 눈, 사뿐히 밟으며 전나무와 소나무, 검푸른 녹색 위에 늘어진 가지를 잡고 싶었다. 춤추는 무녀의 아름다움이 나를 무아지경의 세계로 끌어가고 있었다. 멀리멀리 보이는 능선, 짧고 길고 높고 낮은 능선을 따라 희뿌연 하늘과 맞닿은 세계, 신세계에 오를 것만 같은 느낌이었다. 여전히 내리는 함박눈, 쌓이고 쌓여갔다. 두 팔을 벌리고 소리쳐 보고 싶은 충동, 아무도 밟지 않은 하얀 눈 위를 맘껏 달려보고 싶었다. 깨끗함이 아까워 밟을 수는 없었다. 한 발 한 발 옮길 때마다 뽀드득뽀드득 나는 소리만 그려보았다. 고향, 눈, 단어만으로도 아름다운 그리움이 되어가는 행복한 모습들이었다. 지금 나는 그것에 흠뻑 빠져들고 있었다. 신비스럽도록 깨끗한 눈을 차마 밟지 못해 바라볼 뿐, 주먹만 한 눈송이, 팔을 뻗어 손바닥에 받는다. 소복소복 떨어지는 대로 사라졌다. 눈가에도 콧등에도 떨어지고, 녹는 촉감이 나를 간질이는 것 같아 좋았다.

작은 입자의 눈꽃 하나하나는 대단한 위력이 있었다. 온 세상을 가득하게 채움, 하나의 개체로는 힘없고 미약한 존재였다. 아무 흔적조차 없이 사라지는 것, 쌓이고 또 쌓이니 세상을 덮는다. 하얗게, 아름답게, 밤사이에 세상이 변하였다. 나를 행복하게 해주는 '참 아름다워라. 주님의 세계는' 찬양 가사를 음미할 수밖에, 표현할 힘이 부족하다는 것이 아쉬웠다.

소리 없이 양어깨를 탁, 치며 엄마! 하고 소리쳤다. 딸이었다. "우리 걸어요." 딸의 본성이 드러났다. "눈을 밟아 봐요. 눈도 맞아 보고요."

하며 내 팔을 제 팔에 끼고 끌었다. 우리는 하얀 눈 위에 한 발을 내어 놓았다. 조심스럽게 또 한 발, 따뜻한 날씨로 더욱 폭신한 감촉, 양털을 밟는 느낌이 아닐까 싶다. 발이 쏘옥 들어갔다. 발등 위로 눈이 쏟아졌다. 한 발 한 발 천천히 옮겨놓았다. 발을 옮길 때마다 쏘옥, 폭신한 촉감, 오래오래 밟으며 걷고 싶었다. 눈이 주는 모녀의 걸음걸음에 행복이 쌓였다. 밟고 또 밟는다. 밤사이 쉬지 않고 내린 눈이 우리에게 얼마나 큰 행복을 가져다주고 있는지. 나보다 딸이 더 좋아했다. 두 팔을 벌려 하늘을 향해 소리쳤다.

입을 벌려 눈을 받는다. 이렇게 예쁜 세상은 처음이란다. 우리에게 올 수 있는 시골이 있어 좋단다. 이쪽저쪽을 향해 사진을 찍었다. 찍은 사진을 가족 톡에 올리고, 또 찍는다. 구순이 넘은 언니도 함께했다. 셋이 사진을 찍었다. 셋이 찍고 둘이 찍고, 눈꽃에 홀리어 호들갑을 떨며 정신없는 딸, 서울 갈 걱정을 언제 했나 싶었다.

나는 추운 것이 무서워 겨울이 싫지만, 눈이 좋아서 겨울이 기다려졌다. 근래에는 겨울이 되어도 소담스럽게 쌓인 눈을 쉽게 볼 수가 없었다. 올해는 지난 성탄절에도 눈이 와서 화이트 크리스마스를 오랜만에 즐길 수 있었다. 이제 봄이 가까이 오는데 때늦은 눈이 왔다. 내가 사랑하는 하얀 눈!

사랑의 세계로 더 만들어 가고 있는 내 고향!

풀벌레가 없어져

오늘은 우리 집 모내기하는 날이다. 초록 향기 상큼한 5월의 아침이 싱그럽다. 높고 맑은 하늘의 푸르름이 어우러진 한강을 옆으로 하고 달렸다. 한강 줄기를 따라 휙휙 지나가는 가로수, 초록 잎이 살래살래 우리를 반겨주니 바로 이것이 행복이지 싶다. 창문을 열고 달렸다. 내 고향 가는 길은 언제나 최상의 기분이었다. 호수처럼 잔잔하게 흐르는 한강, 아침 햇살에 반짝반짝 보석 같은 물비늘이 빛을 뿜고 있었다. 시원한 강바람을 타고 대자연을 만끽하며 한강 북로를 달리는 기분, 내가 바람이 되어 날아가는 듯 상쾌했다.

어느 사이에 자유로를 달리고 있었다. 언제나 반가이 맞아주는 정감 있는 임진강. 언제나 그리운 내 고향으로 달리고 있었다. 철조망이 보이고 군인 초소가 띄엄띄엄 나타났다. 낯설지 않은 내 고향 가는 길이다. 철책선이 보이고 아련히 북한이 보이는 낯설지 않은 고향길을 달리고 있다. 정겹고 친숙함으로 다가왔다. 잔잔하게 흐르는 임진강, 한강과는 대조적이었다. 임진강에는 빛이 없었다. 찰랑대는 물비늘, 눈부신 윤슬, 반짝임도 황홀함도 없었다. 조금 전 한강의 명쾌함과 화려함은 간 데가 없다. 자연마저 이 산의 아픔을 아는가. 내 마음을 잘 아는 것 같았다. 희뿌연 하늘, 바람에 흔들리는 가로수, 오월의 푸르름은 아니다. 시원한 바람도 쓸쓸하고 외로움으로 밀려왔다. 아버지의 흔적이 묻어있는 농지, 그것을 놓지 못해 남편이 퇴직하며 시작한 농부, 20년 차가 되었다. 이제 육체적으로 버거워 놓아야 하지만 놓지 못하여 붙잡고 있다.

논에는 벌써 모 이양기와 기사 그리고 보조 일꾼이 대기하고 있었다. 그들과 인사를 나누고 모내기가 시작되었다. 남편은 앞뒤로 다니며 모판을 옮겨 주었다. 빈 모판을 모아 흐르는 도랑물에 씻었다.

나는 특별히 할 일이 없었다. 늘 하던 것처럼 논두렁을 따라 돌았다. 뒷짐을 지고 우리 아버지가 하던 것처럼 천천히 논둑을 돌았다. 올챙이 떼가 꼬리를 흔들며 노는 것이 평화롭다. 새끼 우렁이는 따스한 물에 흠뻑 취했나 보다. 새끼들과 함께하던 어미 우렁이는 위험을 느꼈는지 긴 뿔과 흐물흐물한 몸을 집 속으로 꼭꼭 숨겼다. 겁을 준 것 같아 미안했다. 물방개 새끼들은 뱅글뱅글 맴을 돌며 신나게 노는데, 어미들은 보이지 않았다. 어미가 있기에 새끼가 있겠지 하고 찾아보았으나 볼 수가 없었다. 어미 물방개가 보고 싶었다. 기름을 발라 놓은 듯 반지르르 윤이 나는 진갈색의 등, 뱅글뱅글 돌면서 뒷다리를 죽죽 뻗어 헤엄치는 것이 보고 싶었다. 해마다 숫자가 줄더니 지난해에는 넓은 논에 노는 물방개가 손안에 드는 숫자였다. 오늘은 한 마리도 볼 수 없었다. 물 매미, 소금쟁이는 언제 보았는지 기억도 없었다. 이곳은 아직 청정지역이라 했는데, 곤충에 관심이 많은 조카가 이곳에 몇 차례 왔다. 연못과 논을 돌며 살폈다. 밤에는 머리에 작은 전등을 붙이고 손에 손전등을 들고 동산을 누볐다. 썩은 참나무를 찾아 사슴벌레, 장수풍뎅이, 딱정벌레, 하늘소 등 이름 모를 벌레들을 수집했다. 그 조카는 이런 곳이 흔치 않다고 하였다. 이곳은 아직 실만한 곳이라 했는데 그래서 우리는 자부심을 가지고 농사를 짓고 있었다. 청정지역 쌀이라고 불티나게 팔렸다. 때론 우리 먹을 것까지도 부족했다. 이제는 그렇게 자랑할 자신이 없어졌다. 오염이 많이 되었다는 것을 직감할 수 있었다. 도랑에서 흙 몇 삽만 떠내면 추어탕 한번 끓일 수 있는 미꾸라지들도 이제는 많이 줄었다. 추수가 끝나면 마을 사람들이 잡아가는 것을 쉽게 볼 수 있었는데 근래에는 그 모습을 보기 힘들었다. 남편도 논에 올 때마다 수시로 잡아 왔다. 여전히 미꾸라지 잡는 통이 논도랑 물에 놓여 있다. 가끔 건져 보면 숫자가 많이 줄었음을 알 수 있었다. 앞으로는 잡지 말아야겠다고 했다. 징그러운 거머리는 여전했다. 그것도 다행이라 생각했다. 이때쯤이면 흔히 볼 수 있던 맹꽁이들은 언제부터인지 흔적 없이 사라졌다. 어제오늘 일이 아니다. 우리가 이곳을 다니며 농사를 시작한 것이 20년 되었다. 그때에는 맹꽁이 울음소리를 쉽게 들을 수 있었고 장마철에는 시끄럽도록 울어댔다. 맹꽁이 알도 개구리 알과 비슷하므로 혹시나 하고 기대했으나 개구리뿐이었다. 맹꽁이는 언제부터인가 이미 자취를 감추었다. 개구리도 마찬가지다. 수가 많이 줄었다. 청개구리는 가물에 콩 나듯 귀하다. 나뭇잎 뒤에 붙어 비 예보를 해주던 소리는 전혀 없었다. 주변 동산에 흔하던 곤충들도 줄거나 자취를 감춘 것들이 많았다. 함께 공존하며 살아야 할 것들이다. 전쟁 중 화약, 폭격, 총소리 영향도 컸을 것이다. 휴전 후에도 이곳에는 여우, 노루는 어렵지 않게 볼 수 있었다. 이제는 강한 것도 여린 것들도 동물, 곤충, 조류, 하나님이 주신 귀한 자연의 선물들이 없어져 가고 있다. 살충제 농약의 문제도 클 것이다. 원인은 다양하다고 했다. 기후 변화, 난개발, 온도와 습도 불규칙 등으로 무서운 속도로 줄어가고 있다. 삼십 년 동안 육상 곤충이 4분의 1이 사라졌고, 나뭇잎에 기생하는 곤충만 80%가 줄었다고 했다.

 죽은 듯한 나무들이 봄이 오면 꽃과 잎이 피어나 푸르름으로 다가와 우리와 함께하듯, 우리 논에 물방개, 물 매미, 맹꽁이, 물잠자리도 다시 돌아오면 좋겠다. 푸른 숲 울창함으로 귀 따갑게 우 짓는 새 소리, 매미 여치 소리와 함께 풀벌레들이 돌아와 우리와 같이 어우러졌으면 좋겠다. 아름다운 자연의 소리로 노래하며 우리의 아쉬움을 달래주렴.

떠날 준비를

 마당 가에 국화가 만발했다. 절정에 이른 꽃향기가 보이지 않는 날갯짓으로 멀리 퍼져갔다. 오가는 이들의 시선으로 마음을 사로잡기에 충분했다. 코끝 향기에 다시 한번 뒤를 돌아보게 한다. 자신의 계절 끝자락에서 겨울로 가는 가을이 아쉬워 모두를 내어주려는가 보다. 깊은 가을로 들어가는 나, 나의 삶도 돌아보고 정리하며 살고 싶다. 이제는 소유보다 내려놓는 일에 집중해야 하지 않을까? 내려놓고 가야 할 것들에 시간을 낭비하지 말아야지. 떠날 때 가지고 갈 수 있는 것이 무엇인지 고민해야 할 것 같았다.
 구월 달력에 빨간 글자가 돋보였다. 달력으로 눈길이 갈 때마다 기분이 좋았다. 지방에 사는 아들네가 온다기에 짧지 않은 추석 연휴라 기대가 컸다. 가족들이 함께 서울에 오는 것은 연중 큰 행사였다. 손자들은 하루하루 손을 꼽으며 빨간 날을 기다렸다. 오랫동안 만나지 못했던 외가와 친가를 오고 갈 생각, 친척들과 사촌 형제들하고 어울린다는 생각에 나날이 기대가 부풀었다.

  토요일 아침, 드디어 아들네 대가족이 포항에서 서울을 향해 출발하였다. 닷새나 서울에 머무를 수 있다는 생각에 손자들은 하늘을 오를 기세였다. 시월의 하늘은 유난히 맑고 푸르렀다. 공부와 일에 몰입했던 그들에게 쾌청한 날씨는 평안한 여백으로 채워지는 안식과도 같았다. 몸과 마음이 마치 구름 위에 올라앉은 기분이겠지. 바람 따라 흘러가듯 가벼운 마음은 행복한 여행이 되었다. 포항에서 서울까지의 짧지 않은 거리였지만 조금도 지루하지 않았다. 네다섯 시간의 장거리였지만, 잠깐인 듯 서울에 도착했다고 했다. 우리 집 가까이에 사는 손자들은 이미 와서 대기하고 있었다. 포항 식구가 도착하자 아이들은 얼싸안고 방방 뛰었다. 이산가족의 만남 같았다.

  다음날 주일 아침, 오랜만에 삼대가 함께 예배를 드리고, 아들네 가족은 사돈댁으로 떠났다. 세상에서 며느리를 가장 사랑하는 이는 친정 부모일 것이다. 친정 부모님과 하룻밤을 보내고 다시 우리 집으로 왔다. 아쉬움이 많았을 것 같아 미안한 생각이 들었다. 밀린 이야기를 나누려면 하룻밤으로는 부족했을 것이다.

  손자들이 들어오며 외가에서 있었던 이야기에 침이 말랐다. 아침에 외할아버지와 대추 따는 것이 재미있었다고 했다. 활짝 웃는 할아버지와 함께 찍은 사진을 내게 보여주었다. 빨간 대추를 딸 때의 재미, 외할아버지가 대추나무를 흔들 때 후드득후드득 떨어지는 대추 알, 떨어진 대추를 주워 먹는 재미, 아삭하고 달콤함 맛, 모두 재미있었단다.

며느리의 핸드폰이 울렸다. 며느리는 방으로 들어가 전화를 받았다. 통화 소리가 심상치 않았다. 숨 막히듯 며느리의 외침이 이어졌다. "아니야, 아니야" 인정하지 않는 반복의 울부짖음, 세 아이도 엄마 곁에서 울고 있었다. 며느리와 아이들을 달래며 어쩔 줄 모르던 아들이 처가에 확인했다. 장인어른을 심폐 호흡을 시키며 구급차로 병원으로 가는 중이란다. 나는 며느리에게 괜찮을 것이라고 다독였다.

잠시 후, 호흡이 멈추고 하늘나라로 가셨단다. 둘째 손녀가 핸드폰을 열어 내게 보였다. 조금 전에 보였던 외할아버지와 함께 놀았던 사진이다. 손자들과 활짝 웃는 외할아버지의 환한 모습, 손녀는 외할아버지 사진에 얼굴을 대고 울었다. 조금 전 손자들에게 둘러싸여 행복했던 할아버지다. 여전히 웃고 있는 할아버지, 믿을 수 없는 죽음이란 사실이 허무했다.

사랑하는 가족을 뒤로하고 예고 없이 떠난 아버지, 인정할 수 없었나 보다. 극진한 사랑을 받아온 딸, 아버지에게 갚아야 할 사랑의 빚이 많았으리라. 아버지의 영정사진을 보고 또 울었다. 딸이 받아왔던 수석 합격증과 장학 증서를 아버지는 품고 있었다. 자랑스러운 딸, 한시도 놓을 수 없어 20여 년을 품고 살아왔다. 예쁘고 대견스러운 딸, 잠시도 아버지 마음에서 놓지 않았다. 그러기에 자신의 사진이 담긴 액자에 딸의 자랑스러움을 함께 넣어 간직해 왔다. 삶이 끝나는 오늘까지. 이제 아버지는 고인이 되어 꽃 속에 묻혀 있었다. 그와 함께했던 우리도 그의 뒤를 따라 생의 종착역으로 가고 있다. 곧 닿을 것이니 나도 나의 마지막을 생각하지 않을 수 없었다.

나는 어디서부터 어디까지 와 있는지? 또 앞으로 가야 할 길은 얼마나 남았는지? 남은 날을 어떻게 살아야 할 것인지? 답은 모름이다. 하지만 답을 찾아보아야 할 것 같았다. 호스피스 교육과정에서 들었던 것이 생각났다. 죽음에 이르렀을 때, 처음에는 부정과 고립. 둘째는 분노. 셋째는 타협. 넷째는 우울. 다섯 번째, 수용 등으로 심리적 변화를 겪게 되는 것이 보편적이라고 했다.

죽음에 닥친 것에 처음에는 부정하고 분노하지만, 일정 시간이 지나면 자신의 운명과 타협하고 우울해진다고 한다. 그리고 결국에는 죽음을 수용하는 과정을 밟게 된다고 한다. 나는 생각했다. 어차피 죽음에 순응할 수밖에 없다면 좀 더 적극적인 것이 좋지 않을까. 죽음 앞에서 죽음에 대한 불안한 마음을 극복할 수 있다면, 편안함으로 눈을 감을 수 있을 것 같았다. 지켜보는 가족들에게도 슬픔이 최소화될 것 같았다. 나는 그렇게 죽고 싶었다. 요양원이나 병원, 시설이 아닌 내가 살았던 그 집에서 가족들과 함께 하나님 앞에 예배하고 찬송을 부르며 품위 있는 죽음, 그런 마지막이 되기를 바란다면 지나친 욕심일까.

나와 함께 살아온 시외할머니가 그렇게 가셨다. 나의 친정어머니도 찬양 중에 편안하게 잠자듯, 아름다운 모습으로 떠나셨다. 시어머님도 같은 모습으로 가족들과 임종 예배를 함께하고 잠들듯 눈을 감으셨다. 지켜보는 이들의 부러움을 자아내는 죽음, 찬송 중에 그렇게 떠나셨다. 참으로 아름다운 모습이 각인 되었다. 누구든 믿음으로 하나님과 함께한다면 두려울 게 없으리라.

죽었다 살아난 기분
- 금강산 기행1

　1988년부터 금강산관광이 시작되었다. 국민의 호평을 받았다. 해상으로만 했던 금강산 관광이 2003년부터는 육로관광도 가능해졌다. 육로관광은 해상에 비하면 비용도 절감되고 시간도 짧아서 편리했다. 관광객들은 줄을 이었다. 왠지 우리는 금강산이 낯설지 않게 느껴졌다.
　여름방학이면 아이들과 설악산을 자주 다녔다. 동해와 설악산 코스를 좋아했다. 산행은 힘들지만 갈 때마다 새로운 느낌이 드는 설악산이었다. 가까이에 있는 금강산을 갈 수 없다는 것이 늘 안타깝게 생각되었다. 가본 적은 없지만, 우리나라의 가장 아름다운 명산으로 알고 있었다. 어릴 때부터 즐겨 부르던 동요의 영향이 큰 것 같았다. 노랫말에 금강산의 아름다움이 구체적으로 묘사되었기 때문이었다. 누구든 편안하게 부를 수 있는 노래이다. "금강산 찾아가자 일 만 이천 봉"으로 시작되는 이 노래는 내 시대에는 누구나 친숙한 동요였다. 놀이하면서도 불렀고, 어른과 아이 모두에게 깊숙이 자리매김을 하고 있었다. 1, 2절을 부르면 마치 금강산을 보는 듯했다.

누구든 한 번쯤 금강산에 가보고 싶은 마음이 있을 것이다. 나도 예외가 아니었다. 육로관광이 시작되면서 우리 부부에게도 기회가 주어졌다. 공부를 마치고 직장생활을 시작한 아들에게서 연락이 왔다. 금강산 관광 티켓을 끊어놓았다고. 첫 월급으로 부모에게 빨간 내복을 선물한다고 하는데, 내복 대신 금강산관광이 어떻겠냐고 했다. 비용이 적지 않을 것 같아 물었다. 묻지 말고 즐겁게 다녀오란다. 구두쇠인 남편도 좋아했다. 남편은 어떤 경우든 돈 쓰는 것을 싫어했다. 아껴 쓰고 저축하는 것만이 살아남는 길이라 하는 사람이었다. 하지만 이번에는 달랐다. 아들에게 고맙다는 말까지 깍듯이 하였다.

9월 22일, 아침 일찍 서둘렀다. 더위도 한고비 넘긴 가을 하늘이 유난히 맑고 파랬다. 석촌호수 옆 대로에 관광버스가 줄지어 있었다. "금강산관광"이란 큼직한 글자가 한눈에 들어왔다. 안내원이 주민등록증을 확인하고 관광증을 목에 걸어주며 버스 좌석까지 정해 주었다. 버스는 금강산을 향해 출발, 복잡한 서울을 벗어나니 산천초목이 싱그러워 눈이 맑아지는 것 같았다. 강원도에 들어서니 설악산 봉우리들이 휙휙 지나갔다. 빼어난 돌산과 골짝 굽이굽이 진풍경이었다. 서울과는 다르게 단풍잎이 노랗게, 빨갛게 진하게 물이 들었다. 한 폭의 명화가 이만

할까. 눈이 부시다. 청명한 날씨에 창공이 한몫을 더 했다.

강원도 고성 금강산 콘도에 도착. 잠시 자유 시간이 주어졌다. 시야에 들어오는 동해의 푸른 바다는 언제 보아도 기분이 상쾌했다. 집결지로 모이니 주의사항과 관광지(북한)에서 지켜야 할 교육이 있었다. 창밖을 보고 사람들에게 손을 흔들지 마라, 관광하며 북한 사람들과 말을 하지 마라며 주입교육 을 받았다. 교육을 마치고 관광버스에 올랐다. 잠깐이라 했는데 벌써 고성통일전망대, 남측(DNZ) 검문소였다. 앳된 군인들이 올라와 미소를 지으며 "잘 다녀오십시오." 깎듯이 거수경례하고 내려갔다. 이제부터는 북한이란다. 긴장되었다. 남쪽이나 북쪽이나 양쪽 군인들 모두 도로공사를 하고 있었다. 비포장도로를 줄지어 달리는 버스로 흙먼지가 심했다. 먼지 속에 공사하는 군인들이 안쓰러웠다. 남쪽 군인들은 중장비로 공사를 하는데, 북쪽 인민군들은 키도 작달막하고 어두운 표정마저 굳어 있었다. 중장비는 전혀 없고 삽과 곡괭이로 파고 메우며 공사를 하였다. 대로 옆으로 줄지은 전봇대들은 가느다란 서까래 같은 작은 나무들로 세워져 있었다. 우리나라 60년대 시골 같았다. 농작물이나 풀조차 남쪽과 달랐다. 비료가 없고 거름 부족으로 그렇단다. 남한과는 비교가 많이 되었다. 북한(DMZ) 측 검문소에 도착했다. 인민군 서너 명이 버스로 올라왔다. 북한 사투리로 인사를 하고 한 사람씩 아래위를 보며 사진과 얼굴을 대조했다. 무표정하게 굳은 그들은 공사하는 인민군들과 같았다. 작은 체구에 얼굴이 검고 무뚝뚝한, 겁을 주는 말투였다. 위압감을 주었다.

북한에는 마을이 보이지 않았다. 드문드문 작은 집이 보였으나 사람들은 볼 수가 없었다. 멀리 자전거를 타고 가는 남자 한 명을 보았을 뿐이었다. 목적지인 관광지 고성 출입국에 도착했다. 버스에서 내려 호텔로 들어가기 전 검문이 있었다. 안내에 따라 줄을 섰다. 이곳에는 여자 경비원도 있었다. 관광객들은 모두 긴장이 되었다. 숨소리조차 줄이며 안내자의 지시에 따랐다. 한 사람씩 통과, 나도 무사히 통과했다. 뒤따라와야 할 남편이 따라오지 않았다. 시간이 지체되었다. 문제가 생겼다고 했다. 사람들의 시선이 남편에게 쏠렸다. 남편을 따로 세워놓고, 다시 검문이 시작되었다. 수백 명 관광객 모두가 들어왔다. 들어온 사람들은 초조하게 서 있는 나를 걱정하며 안타까워했다. 통과한 사람들은 모두 호텔로 들어갔다. 우리는 검문소를 사이에 두고 서로 바라볼 뿐이었다. 6·25 때 인민군 생각이 나며 무서웠다. 남편과 검역원의 굳은 표정에 심장이 멎을 것 같았다.

　이유는 거짓말을 했다는 것이다. 아들이 직업을 쓰지 않고 신청을 한 것이었다. 관광사 측에서는 빈 곳을 무직으로 썼다. 검역원이 "직업이 뭡네까?" 물었을 때, 사실대로 "교사입니다."라고 답했다. 그것이 문제였다. 거짓말을 한다는 것이었다. 남편의 외모는 누가 보아도 군인처럼 보였다. 짧은 스포츠머리에 단단하고 야무진, 반듯한 자세였다. 오랜 시간이 지나 벌금 10불을 내고(12,000원) 통과되었다. 호텔에 들어서자 초조해하던 관광객들이 박수로 환호해 주었다.

　우리 부부는 죽었다 살아난 기분이었다.

구룡폭포 가는 길
- 금강산 기행2

낯설고 어색한 북한에서의 하룻밤을 보냈다. 오늘 일정은 구룡포, 구룡연 코스라고 했다. 기분도 날씨도 상쾌한 맑음이다.

금강산 봉우리는 일만이천 봉, 볼수록 아름답고 신기하구나. 봉우리가 많아 수를 헤아릴 수 없다는 뜻이라 했다. 금강산은 비로봉을 중심으로 1000미터 이상 높이의 봉우리만 백여 개 이상이요. 산행하도록 만들어진 다리가 150개, 계곡 곳곳에 폭포와 크고 작은 담소도 헤아릴 수 없이 많단다. 금강산은 첫째, 산줄기와 천태만상의 괴석의 묘한 산악미요. 둘째, 해양미요. 셋째, 호수미로 호수와 소나무가 우거진 섬들, 그중 삼일포는 세계 제일의 명승지라 했다. 넷째, 전망미요. 다섯째, 사계절이 각각 다른 계절미요. 여섯째, 대자연의 박물관 같은 다양한 동식물의 보고라고 북한 안내자는 열변을 토했다.

 그래서였을까? 정주영 회장이 금강산 관광을 성사시키고 더 큰 계획이 있었다고 했다. 우리의 금강산은 세계적으로 자랑할 만하여 국제적인 관광단지로 만들겠다는 꿈이 있었다. 관광을 통해 남북통일에 기여하겠다는 원대한 꿈을 가졌다. 하지만 그 꿈을 이루지 못하고 떠났으니 안타깝다.

 금강산을 향한 산행이 시작되었다. 길은 널찍하고 편한 길이었다. 초입부터 쭉쭉 뻗은 미인송들이 시선을 끌었다. 곁가지는 별로 없지만 굵고 우람한 기둥이 하늘을 향해 뻗어있어 우람한 군락이 금강산을 지키고 있는 듯 든든했다. 줄기에는 붉은색을 띤 적송으로 계곡의 맑은 물과 어울려 아름답고 우아함이 돋보였다. 군사분계선을 넘으며 보았던 민둥산들과는 대조가 되었다. 울창한 나무숲에 빨간색 단풍잎이 빛을 뿜었다. 멋진 미인송 군락을 지나니 가슴이 뻥 뚫린 듯 시원한 계곡이 펼쳐졌다. 계곡을 옆으로 하고 올라갔다. 크고 작은 돌, 바위 계곡의 곡선들이 부드럽고, 골짜기 전체가 환한 마당바위로 깔려 있었다. 누구든 편안함을 느낄 수 있는 쉼터 같았다. 마당바위를 타고 미끄러지듯 흐르는 물은 수정같이 맑았다. 졸졸졸, 콸콸콸 다양한 물소리가 계곡미를 한층 더했다. 크고 작은 연, 높고 낮은 층층 계단처럼 이어진 돌과 바위의 묘한 모양들을 보니 조각가의 작품이 이만할까 싶었다. 크고 작은 소沼의 물빛, 연한 옥색, 진한 옥색, 맑고 정한 물빛들은 보는 이의 눈과 마음을 시원하게 하였다. 빨간 단풍잎이 바람에 팔랑이며 물에 비추는 것 또한 환상적이었다. 쉬엄쉬엄 올라가며 산봉우리를 바라보니 파란 하늘과 구름이 맞닿았다. 신비하고 묘한, 많은 봉우리가 절경이었다. 큰 봉우리, 작은 봉우리, 높은 봉우리, 낮은 봉우리가 천태만상이었다. 내가 오르는 것이 아니라 신묘막측함이 나를 끌고 가는 것 같았다. 수만 가지 형태의 바위, 티 없는 오색 단풍들은 가을의 풍악산을 만끽하게 해주었다.

안내자의 말대로 다리가 많았다. 크고 작은 다리가 150개 이상이라고 하였다. 다리의 도움이 없으면 금강산 산행은 어려울 것 같았다. 긴 다리와 짧은 다리, 암벽과 암벽을 이어놓은 흔들다리, 다리 아래는 까마득했다. 장난기 있는 사람들이 다리를 흔들어 더욱 무서웠지만 잊지 못할 기억들이다.

목란관을 지나 양지대를 거쳐 삼록수까지 올라갔다. 이 약수를 한 번 마시면 10년, 두 번 마시면 20년을 더 산다는 약수란다. 나도 약수를 마셨다. 가슴이 뻥 뚫린 듯 시원했다. 모두 함께 쉬엄쉬엄 오르니 다행이었다. 성질 급한 사람도 별수 없었다. 금강문을 가는 길은 험악했다. 바라만 보던 봉우리였다. 돌을 계단 삼아 두 손을 짚고 기다시피 올라왔다. 집채 같은 커다란 바위가 겹치고 쌓여있었다. 그 가운데는 위아래로 구멍이 크게 뚫려있어 동굴 같았다. 이것이 금강문이었다. 금강문을 통과하니 전신이 땀으로 범벅이 되었다. 자연석 전망대가 준비한 듯 판판하게 깔려있었다. 우리는 여기저기 바위에 걸터앉아 땀을 식히며 사방을 둘러보았다. 아래에서 볼 때는 창살 끝처럼 모두 뾰족한 줄만 알았다. 하지만 우리가 편히 쉴 수 있는 최고의 자연석이 안락의자로 자리하고 있었다. 사방을 둘러보았다. 앞은 탁 트여 시원한 동해가 펼쳐져 있었다. 좌우 뒤 삼면은 멀리서 보았던 산봉우리가 손에 잡힐 듯 가까이에 있었다. 우리가 올라온 계곡엔 흰 바위들이 넓은 마당처럼 깔려 있었다. 그 위로 미끄러지듯 흐르는 물줄기는 하얀 비단을 펴놓은 듯 아름다웠다. 튀어나온 돌과 부딪치는 물방울이 수정 알처럼 반짝거렸다. 파란 하늘에 수놓은 하얀 구름은 손에 잡힐 듯 머리 바로 위에 앉아 있었다. 뾰족한 봉우리에 걸릴 것만 같았다. 나는 마치 신비의 세계에 있는 것 같았다. 큰 바위 작은 바위, 닳고 깎인 모나지 않은 펑퍼짐한 바위가 우리의 피로를 풀어주는 최상의 안식처가 되었다. 멀리 보이는 동해와 좌우, 아래위 하늘까지 보이는 모두가 신비의 세상이었다.

　무생물인 돌조차 각이 없고 날을 세우지 않으니 아름답고 편안함을 주었다. 풍진세상에서 깎이고 부서지는 인고를 잘 견딘 나, 모두를 끌어안을 수 있는 부드러움과 넉넉함으로 살아갈 수 있으면 좋겠다. 자연 앞에서 초라한 나를 볼 수 있어 값진 산행이 되었다. 잠시의 생각을 떨치고 구룡포를 향하는 가파른 산행은 다시 시작되었다. 연주담을 지나 사대 폭포 중 하나인 비봉폭포에 닿았다. 물 떨어지는 소리가 천둥소리 같았고 물바람이 비를 맞는 것 같았다. 어찌 이럴 수가 있을까. 믿기지 않는 현실이다. 올라올수록 물이 많은 폭포가 신기했다.

　오늘 일정에 마지막 코스인 상팔담 구룡연 구룡폭포를 오르는 중이다. 쇠로 만든 철 계단을 오르는 것이었다. 사다리처럼 꼿꼿한 철 사다리가 14개라 했다. 열네 개 사다리는 370개 계단이라고 했다. 일자로 서 있는 계단, 밭쳐주고 잡아주고 끌어주며 올라가는 모습들이 마치 곡예를 하는 것 같았다. 모두의 마음은 하나였다. "당겨라. 밀어라. 잘했다. 조심해라. 다 갈 수 있다." 여기저기서 격려의 소리는 모두의 힘이 되었다.

 드디어 구룡연에 도착, 많은 이들의 함성이 터졌다. 상팔담에 오르니 금강산 대부분을 전망할 수 있었다. 관폭정 누각에서 구룡연을 바라보니 떨어지는 물소리가 천둥소리요, 자욱한 물안개가 오색 무지개로 피어올랐다.

삼일포 가는 길
- 금강산 기행3

    첫날은 온정리 주변을 돌아보고 곡예단의 공연을 보았다. 둘째 날인 어제는 금강산을 대표하는 구룡폭포 구룡연 코스였다. 금강산 코스에서 만물상 방향이 빠져 많이 아쉬웠다. 하루 코스로는 무리라고 하였다.

    오늘은 삼일포 코스였다. 관동팔경 중 최고라 하는 삼일포를 관광하는 것에 큰 기대가 되었다. 삼일포 코스는 해금강과 함께 하는 것이 정상이라는데 해금강 코스가 우리 일정에 포함되지 않았다. 해금강에 가면서 민가도 볼 수 있다는데 아쉬움이 컸다. 지금까지 민가나 민간인을 보기 힘들었다. 먼 거리에서 자전거 타고 가는 한 사람을 보았을 뿐이다. 하지만 이유를 따지는 사람도 묻는 사람도 없었다. 성질 급한 남편이 한마디 할까 걱정되었으나 잘 넘어갔다.

　북한 안내원의 입이 마르도록 자랑하던 삼일포, 그곳에 갈 수 있다는 것만도 다행이다. 상상도 못 한 북한 땅이다. 첫날 출입국 사무소에서 걸렸던 남편 일이 생각날 때마다 등골이 오싹했다. 나는 남편에게 무조건 입 다물고 따라다니자고 하였다. 여기는 대한민국이 아니라고.

　금강산은 그 자체만으로도 아름다웠지만, 해변을 타고 삼일포를 향해 가는 금강산, 아래쪽에서 바라보는 절경은 더욱 웅장하고 아름다웠다. 온정리에서 버스를 타고 삼일포를 향해 달렸다. 도로는 완만했으나 동남쪽 언덕을 넘어가면서 거암이 많은 구릉지로 이어졌다.

　구룡폭포 가는 코스에는 미끈미끈하고 우람한 미인송들로 줄을 이었는데, 여기에 소나무들은 신기하게 그 멋스러움이 달랐다. 낙락장송이란 말은 이런 모양을 두고 말한 것이 아닌가 싶었다. 나무들이 자유롭게 펼쳐진 가지, 위아래 옆으로 죽죽 뻗은 소나무와 어우러진 침엽수들, 그 향기, 눈과 귀, 관광객들을 흠뻑 빠져들게 하였다. 동그란 눈을 동글동글 굴리며 우리를 주시하는 다람쥐, 그리고 숲속으로 쏜살같이 도망치는 그 모습이 미안하고 아쉬웠다. 숲속 주인인 새들도 푸드득거리며 날아갔다. '놀라지 말거라. 너희만이라도 인간이 만든 선을 두려워 말거라.' 마음속으로 빌었다. 올 때의 민둥산들과 너무나 달랐다. 비교가 안 될 정도였다. 믿기지 않지만 사실이었다.

　본격적으로 삼일포 호수를 향하여 걸었다. 걷기 쉬운 오솔길도 있었지만 대부분 호숫가로 내려와 암반을 딛고 걸었다. 나도 그 길을 택하였다. 어릴 적 돌다리를 건너던 생각에 재미가 있었다. 관동팔경 중 제일이라 하더니 정말 그 말이 맞는 것 같았다. 아름답다는 말로는 부족했다. 화려함! 잔잔한 호수 중앙에 와우석, 소가 누운 모양의 돌이라 지어진 이름이란다. 호수 주변에 서른여섯 개의 봉우리가 병풍처럼 호수를 두르고 있어 호수에 서른여섯 봉우리가 비춘 모습은 절경 중 절경이라 했다. 정말 그랬다. 호숫물이 깨끗하고 맑았다. 무엇 하나 거슬리지 않고 거울처럼 맑고 깨끗했다. 작은 봉우리들이 물 위에 찰랑찰랑 떠 있었다. 얼굴을 비쳐 보아도 거울 같았다. 가을의 청명함, 푸른 하늘에 떠가는 조각구름도 내려앉았다. 물에 비친 서른여섯 개의 산봉우리가 사실인지 궁금했다. 모두 세어보겠다고 법석을 떨었다. 우리 부부도 그 중에 하나였다. 하지만 누구도 서른여섯을 다 헤아렸다는 소리를 듣지 못했다. 헤아리지 못하고 자리를 옮겨야 함이 아쉬웠다.

옛날에는 삼일포가 바다의 작은 포구였다고 했다. 바다 쪽으로 모래가 쌓이고 쌓이면서 바다와 막힘으로 호수가 되었다고 했다. 호수 가운데 와우섬은 소가 누운 것 같다 하여 와우섬이란 이름이 붙여졌단다. 송도와 단서암이라 부르는 바위섬이 호수와 어우러지니 그림 같았다. 멀리 보이는 자그마한 암반 위에 작은 정자가 보였다. 사선정이라 했다. 가서 볼 수는 없지만, 옛 선조들이 그곳에서 시를 읊고 그림을 그렸단다.

사선정은 신라 효소왕 때 국선 네 명이 하루만 머무르며 구경하려던 것이 삼 일이나 걸려 구경하여 삼일포라 하였고, 네 명의 앉아 있는 형상을 따라 누각을 지었다 하여 사선정이라 한다고 했다. 다양한 이야기들이 많아 어느 것이 정설인지는 모른다고 하였다.

다시 호수 옆 오솔길을 따라 올랐다. 연화대 비탈길을 오르니 봉래대가 있었고 봉래대 오르는 길은 완전 바윗길이었다. 봉래대에 오르니 삼일포 전체가 한눈에 들어왔다. 삼 일 걸려야 다 볼 수 있다는 삼일포가 한눈에 볼 수 있어 다행 아니냐고 하여 모두 웃음을 자아냈다.

이 아름다운 절경에 눈살을 찌푸리게 하는 것들도 있었다. 장엄하고 아름다운 암벽에 김일성을 찬양하는 글과 노래들로 깊숙이 파놓은 것들이 마음을 불편하게 하였다. 김일성뿐 아니라 김정일 어머니, 김정숙 동지 등 각종 혁명 노래들도 있었다.

어제 갔던 금강산은 암벽이 많아서인지 삼일포보다 더 많은 글이 새겨져 있었다. 한국전쟁 당시 남한에 와서 마을 사람들에게 가르쳤던 혁명가라는 노래도 새겨져 있었다. 남편은 엄마를 따라다니며 배웠단다. 지금도 할 수 있다고 흥얼거렸다. 이곳 출입국 사무실 들어올 때의 생각에 조심하라고 눈총을 주었다.

아름다운 금강산, 한 동족으로 마음대로 오갈 수 없다는 것이 안타까웠다. 남에서 북, 북에서 남을 자유롭게 오갈 수 있기를 기대해본다.

삼일포 가는 길

제4부

천둥소리

처음처럼

　논밭에서 개구리와 맹꽁이의 울음소리에 귀가 따갑다. 곤충과 동식물들이 경쟁하듯 서식하는 숲이다. 종달새, 뻐꾸기, 제비와 참새 떼들이 숲을 옮겨가며 시끄럽게 목청을 돋우는 곳, '길리' 마을이다. 산사태나 물난리, 천재지변이 없어 살기 좋은 마을이라 하여 '길리'라 불렸다고 했다. 나지막한 동산 양지쪽으로 띄엄띄엄 자그마한 초가들이 모여 있었다. 마당 가에는 앵두나무와 살구나무 꽃들이 어우러져 봄의 축제를 연상케 하였다. 어느 쪽을 바라보든 푸른 숲, 유난히 많은 아카시나무 꽃향기와 찔레꽃 향기, 스치고 지나가는 가녀린 바람결에 아랫말, 윗말, 골말, 응달말은 꽃향기로 가득했다. 나무숲으로 둘러싸인 오름직한 언덕 위에, 붉은 벽돌의 그림 같은 예배당이 한눈에 들어왔다. 유럽에서 보았던 무게감 있는 예배당 같았다. 높은 종탑에서는 매일 새벽 기도 시간을 알리는 종소리가 평화롭게 울려 퍼졌다.

나는 언덕에 올라 교회를 찾아갔다. 숲 향기가 코끝을 자극했다. 침침한 예배당으로 들어가 기도를 드렸다. 오래된 듯 칙칙한 나무 장의자가 나이가 들었다는 것을 알려 주었다. 자그마한 풍금도 나이가 들었다는 것을 암시해 주었다. 1977년에 우리가 이사 왔을 때의 모습이었다. 서울이라 하지만 시골 같은 풋풋한 느낌을 주고, 자연이 아름답고 예배당이 있어 큰 위로가 되었다. 몇 군데 교회들을 둘러보았다. 천호동, 명일동, '길리'라고 하는 길동 교회로 정했다. 해방 직후 1947년에 시작된 교회라고 했다. 어려운 시기를 거쳐 온 교회였다.

이 지역은 비가 오면 마누라 없이는 살아도 장화 없이는 못 사는 곳이라 했다. 출퇴근할 때는 장화를 들고 부부가 함께 나가야 했다. 버스를 타면 나는 장화를 들고 집으로 오고, 퇴근할 시간이면 장화를 들고 나가야 했다. 얼었던 땅이 녹거나 비가 온 뒤에는 대책 없는 칠진 흙이 되었다. 30년 전, 이 교회를 개척할 1947년 당시에는 어떠했을까? 교회를 시작한 목사님은 만주에서 오셨다고 했다.

그는 어릴 때 부모 손에 이끌려 만주로 가서 살았다. 그곳 만주에서 성장했고 결혼하여 일가를 이루었다. 그곳에서 한민족들에게 한글을 가르치고 우리 문화를 가르치며 살았다. 해방되었다는 소식에 그의 일가족은 이웃하며 살았던 몇몇 가족들과 함께 대한민국 조선의 땅으로 돌아왔다. 그의 고향은 경상도였지만, 갓 출생한 아가와 두 어린 딸을 데리고 이곳 경기 광주 구천면 독교(길)리에 정착하게 되었다. 매우 척박하고 가난한 지역이었다. 당시에는 지주가 아니면 대부분 그렇게 사는 것이 보편적이었다. 땅 한 평 없는 객지에서의 삶이 시작되었다. 그는 초가집 작은 방에서 예배를 드렸다. 교회가 시작된 것이다. 코흘리개 아이들을 불러들였다. 땅에서 뒹굴며 노는 어린아이들을 불러 모았다. 하나님을 가르치고 성경을 읽게 했다. 대부분 아이는 글을 몰랐다. 어른들도 마찬가지였다. 교육에는 관심이 없었다. 하루에 세 끼를 해결하는 것이 우선이었다. 그는 마음을 다잡고 이 지역을 위해 무언가 해야 한다고 결심을 하였다. 우선 기독교 복음을 전하는 것이었다. 아이들을 모아 예배를 드리고 성경을 읽어 주며 한글을 가르쳤다. 낮에는 아이들도 가사 일이나 밭일을 해야 하므로 저녁 시간을 이용해 한글을 가르쳤다. 아이들은 몰려왔고 열심히 글을 배우고 익혔다. 어른들도 배우려고 몰려왔다.

한글을 가르치고 성경을 읽어 주니 저절로 문맹 퇴치에 힘을 기울이게 되었다. 아이들은 책을 읽고 글을 썼다. 어른들도 글을 읽고 글을 썼다. 배우고자 하는 사람들은 생각할 수 있는 영역을 넓혀갔다. 그들의 삶이 변했다. 가난한 생활에서 작은 변화가 일어났다. 농가에서 병아리를 키워 알을 내어 먹고 고기를 먹던 것에서 양계라는 큰 규모로 변해갔다. 그리고 그것을 팔아 수익을 내는 것, 살아가는 방법들을 터득해갔다. 어미 닭이 아닌 사람의 온기로 병아리를 부화시키는 것에 성공하였다. 그것이 입소문으로 퍼져 이곳에는 양계업이 크게 늘었다고 했다. 돼지를 키우고, 채소를 심어 장사하는 일 등 살아가는 방법들이 다양해졌다. 교회를 통하여 문맹이 퇴치되었고, 교회 성도들의 다양한 활동으로 지역의 생활이 개선되었다. 그의 지혜와 리더십 덕분에 먼 시골 지역에서도 이곳을 찾아왔다. 목회자들이 끊임없이 찾아왔다. 그들에게 해먹이고 나누며 챙기는 일은 그의 긍지였고 삶의 자존심이었다. 자신과 가족들은 뒷선이었다. 찾아오는 이들을 맨입으로 보내지 않았다. 이렇게 1940년대 50년대 60년대 거쳐 오늘에 이른 것이었다. 1963년에 지은 교회가 여기에 서 있는, 그림 같은 아름다운 길리 교회이다. 새 예배당이 세워지니 더욱 많은 아이가 예배당으로 몰려왔다. 교육에 관심이 많은 그였기에 아이들 교육에 전적으로 힘을 기울였다. 신앙교육은 물론 일반 교육에도 남다른 관심을 가졌다. 수익성이 보이지 않는 지출뿐인 영유아 교육에 큰 관심을 기울였다. 수백 명의 영, 유아들이 몰려왔다. 초등학생 중·고 청년들의 집결지 같았다. 이제 그는 세상을 떠난 지 오래되었다. 어두운 시대에 귀한 밑거름으로 빛이 되었다. 많은 세월이 흘러갔다.

   이 시대는 부족함이 없는 풍요로운 시대다. 교회도 넘쳐나고 교육도 넘쳐나고, 좋은 시설, 먹고 마심도 사치스러울 만큼 부족함 없는 시대가 되었다. 그러나 그 어르신이 지금 여기에 있다면 무엇을 해야 한다고 말할까? 나는 그의 뜻을 알 것 같았다. 불호령이 내릴 것 같다. 인성, 인격, 인품, 사람의 기본이 고프다고 말할 것이다. 너희가 채워주라 하지 않을까?

그가 이루고 간 그 길을 이제는 너희가 이어가라. 너희는 할 수 있다고. 그의 후예, 우리에게 담금질하는 소리가 들리지 않는가!

가지 끝에 달린 나뭇잎 소리
- '영국군 공원묘지'에 가면

고향으로 달리는 자동차는 감악산 줄기를 타고 능선 길을 따라 달렸다. 구불구불 겹겹으로 이어진 능선 길이다. 달팽이 게임을 하듯 돌고 돌아가며 달리는 기분과 함께 재미가 솔솔 했다. 거대한 감악산이 중앙에 자리하여 호위 무사처럼 양주시와 파주시, 연천시를 내려다보고 있다. 북쪽까지 바라보며 남쪽의 안녕을 지켜 주고 있음인가. 크고 작은 봉우리, 뾰족뾰족 아기 봉우리까지 파란 하늘에 맞닿았다. 하얀 목화구름과 뭉게구름이 산자락에 매달려 아름다움을 더했다.

여름의 감악산 계곡, 맑은 물 흐르는 소리가 가볍고 상큼했다. 초록이 무성하고 울창한 나뭇잎으로 산줄기를 덮었던 여름은 영원할 줄 알았다. 벌과 나비가 춤을 추고, 새들이 철 따라 오가며 조잘거리는 노랫

소리는 행복이 피어나는 가정의 웃음소리 같았다면 과장일까. 이어진 수많은 능선과 계곡을 지나려면 16개의 돌다리와 나무다리를 건너야 하는 깊은 산골이다. 지금이야 산을 뚫고 터널을 만들어 곧고 반듯한 비행장 활주로 같은 넓은 길이 되었다. 고속도로가 되어 빠르고 편한 길이 되었다. 하지만, 산행을 즐기는 등산객들은 아직 구불구불한 옛길이 그리워 돌고 도는 계곡 길을 즐긴다고도 했다.

굽이굽이 계곡을 타고 흐르던 맑은 물은 꽁꽁 얼어붙었다. 벌 나비도 번데기가 되어 깊은 잠에 노랫소리도 사라졌다. 찬기로 살갗 시린 상고대로 덮고 있었다. 복잡한 삶, 지친 세상에서 모두가 해탈하고 싶었나 보다. 달팽이 원을 그리면서 능신과 능신을 따라 내려오는 자동차, 능선 사이 골의 차가운 바람결, 삶의 고뇌까지 날려 보내듯 상쾌하기만 했다. 풍악의 아름다움이 오는가 했더니 눈 깜짝할 사이 지나갔다. 감악산 줄기를 따라 끝자락까지 내려왔다. 앙상한 가지들과 바람결의 떨리는 소리는 아이가 칭얼대는 소리로 들렸다. 비바람을 견딘 소나무가 그들을 감싸고 있었다.

넓지 않은 자그마한 공원이 한눈에 들어왔다. 만국기가 펄럭펄럭 힘차게 날렸다. 만국기 아래로 완전무장한 군인들의 동상이 줄지어 달리고 있었다. 힘차게 뛰어가는 모습은 험악하고 비장한 얼굴들이었다. 죽고 사는 순간, 그들의 참상이 현장감을 느끼게 하였다.

우리는 이곳을 '영국군 공원묘지'라 불렀다. '한국 전쟁' 당시 참전했던 유엔군, 영국 군인들이 전사하고 묻힌 곳이었다. 높은 산, 깊은 골,

낯선 땅에서 젊은이들의 소중한 목숨이 처참하게 죽어갔다. 우리나라를 지켜 주려 온 젊은이들이었다. 520여 명의 젊은 청년들이 한곳에서 전멸을 당했다. 피눈물의 계곡이었다. 그 당시 젊은이들의 피가 그 냇물을 따라 임진강으로 3년을 흘렀다고 전해졌다.

북한군이 북으로 밀리자 우리는 승리의 함성을 외쳤다. 이어 중공군들의 개입, 임진강을 건너 194만 명의 어마어마한 중공군이 남쪽으로 밀고 내려왔다. 우리 고향 파주 적성, 영국군들은 파주 적성 설마리 산골 계곡에서 목숨을 걸고 중공군을 막아야 했다. 맞설 수 있는 수가 아니었다. 하지만, 서울을 향하는 무법자들을 막기 위해 영국군들은 시간이라도 벌어야만 했다. 영국군 1개 대대는 그 골짜기에서 한 발자국도 물러서지 않고 중공군들과 맞섰다. 결국, 영국군 1개 대대는 전멸하였다. 하지만 그들의 죽음이 헛되지 않았다. 그들의 죽음이 아니었으면 두 번째 서울이 탈환되지 않았을까?

산 위에서 보초를 섰던 2명이 살아남았다. 두 명의 생존자들이 고국으로 돌아갔고, 고국으로 돌아간 그들은 사업을 하였다고 했다. 사업은 크게 성공하였으나 그들은 죽어간 전우들을 잊지 못하였다. 죽어간 전우들을 기념하기 위한 영국군 공원묘지를 그 현장에 조성하였다. 찾아오는 참배객들의 편리를 위하여 양주시와 이곳 설마리를 연결하는 도로포장까지 하였다.

당시 파주는 전쟁의 후유증으로 오랫동안 피폐한 환경을 면치 못했다. 모든 도로가 비포장이었다. 차가 지나갈 때, 흙먼지가 노랗게 피어났다. 마치 파도가 밀려오듯, 파주시에서 가장 북쪽인 설마리와 적성면 일대는 전쟁의 피해로 가장 척박했던 곳이었다. 죽음에서 살아난 그들은 그때 그곳의 아픔을 잊지 않고 기억했다.

이제 그곳은 관광지로 알려져 많은 사람이 오가는 곳이 되었다. 감악산을 중심으로 많은 산맥과 줄기를 타고 흐르는 계곡, 수정 같은 물, 요술경처럼 사철이 아름다운 자연의 경치가 한몫하고 있다. 많은 이가 이곳을 찾는다. 그리고 그들을 참배했다. 우리나라 사람들은 물론이요, 영국 여왕도 그때의 그 아픔, 그들을 기억하고 기리기 위해 찾았다. 그 외의 많은 국내외 사람들이 찾아 참배하고 있다.

'한국 전쟁', 헤아릴 수 없는 젊은이들의 죽음, 우리가 잊고 사는 것은 아닌지? 나는 오늘도 고향 집에 가며, 차창 밖으로 무수히 떨어져 가는 나뭇잎을 보고 있다. 완전무장을 하고 서 있는 영국 군인의 동상들을 보며, 귀한 젊음의 목숨이 저렇게 떨어졌구나. 가슴이 아프고 고마움에 눈시울이 젖어 왔다.

큰길을 중심으로 좌우로는 높다란 암벽으로 된 산, 뿌리 박을 흙이 보이지 않는데 생명이 싹트고, 소나무와 잎 새 없는 나뭇가지가 윙윙 소리쳤다. 한두 잎 붙어있는 마른 잎의 떨림은? 빗발치는 총성에 마지막 목숨을 애걸하는 당신들의 울부짖음은 아닌가?

무쇠 종

　빨간 지붕에 3층으로 된 아담한 교회다. 정문 앞으로 들어서니 넓은 잔디가 마음을 편안하게 맞아주었다. 발밑에서부터 돌 디딤돌이 한 걸음씩 걷기에 적당한 간격으로 놓여 있었다. 한 발 한 발 돌을 따라가며 주위를 둘러보았다. 교회당과 정문 중간쯤에 커다란 무쇠 종이 초연히 앉아 있었다. 높다란 종탑 아래 네 기둥의 보호를 받으며 중앙에 자리하고 있었다. 자신이 해야 할 몫을 하지 못하고 앉아 있는 모습이 애처롭게 보였다. 종각에 달려 자신의 소리를 내야 할 그 일을 하지 못함이 가여웠다. 자신을 쳐서 주고, 또 주었던 무쇠 종이었다. 그러나 이제, 그만 쉬라 하듯 잠잠히 내려앉아 주어진 자리를 지키고 있었다. 녹슨 종탑의 네 기둥은 여전히 바람막이로 무쇠 종 곁을 지켜주고 있었다. 비바람에 피할 수 있는 보호막으로 함께하고 있었다. 사그라져 가는 자신을 알기에 초연히 그 자리를 지킬 뿐인 것 같았다.

매일 아름다운 소리로 들녘을 지나 냇물을 따라 언덕 너머 산마루까지 울려 퍼졌다. 사랑의 메아리, 희망의 메아리로 우리의 귓가를 울려주었다. 전쟁의 폐허와 가난으로 힘겨운 이들을 찾아 꿈을 꾸라고 다가왔다. 오랜 세월 자신의 몸뚱이를 쳐서 이웃에게 희망을 노래했고 사랑의 메아리로 다가갔다. 잠자는 이들에게 새벽을 깨우고, 기도의 소원을 노래하게 하였다. 우는 자에게 위로로, 죽을 것 같은 이들에게 생명으로 다가갔다. 두 무릎을 꿇고 기도하는 자들을 찾아 보듬어주었던 종소리를 가진 무쇠 종!

이제 그 엄중한 위엄과 자애로움과 성스러움의 모습은 간 데가 없다. 덕지덕지 녹슨 모습에서 풍상의 세월을 보여 주고 있었다. 속이 타고 겉까지 타들어 가고 있었다. 여기에 무쇠 종을 사랑하며, 반세기가 훌쩍 넘도록 풍상을 함께 해온 고령의 노인이 있다. 하얀 백발에 피부는 늘어졌고, 다리는 힘이 없어 휘청거렸다. 걷는 것이 힘겨워 네 발 달린 지팡이에 몸을 의지하고 무쇠 종을 바라보고 서 있었다. 외롭고 쓸쓸함이 역력했다.

노인은 무쇠 종을 만나기 위하여 무던히 애를 썼다. 먹을 것과 입을 것을 줄여가며 여기에 이르렀다. 한 푼 두 푼 생기는 대로 손때 묻은 쌈지를 열어 모으고 또 모았다. 해가 바뀔 때마다 쌈지가 두터워졌다. 그의 배가 불리고 마음은 점점 부자가 되었다. 자신의 행복은 무쇠 종을 만나기 위해 준비하는 나날이었다. 그녀의 365일은 기쁨과 감사의 기도로 이어졌다.

매일 새벽 4시, 산소통을 망치로 두드리며 그녀는 기도를 올렸다. 언덕 위 교회당 앞에 종각을 높이 세우고 커다란 무쇠 종소리가 널리 퍼져 나가기를 빌었다. 높은 종각 위에 달린 무쇠 종을 꿈꾸었다. 그리고 종 줄을 당기는 그날을 꿈꾸었다. 종각 높은 곳에서 종 줄을 당길 때 커다란 무쇠 종이 "땡 그 렁" "땡 그 렁~~" 깊고 은은한 종소리를 꿈꾸었다. 그 울림이 들판을 지나고 동산을 넘어 멀리멀리 퍼지는 그날을 고대했다.

드디어 군인 천막을 걷어냈다. 가마니 바닥을 거두었다. 그곳, 언덕 위에 빨간 벽돌을 쌓았다. 아름다운 교회당이 세워졌다. 그리고 나무가 아닌 무쇠로 높은 종탑을 세웠다. 반짝반짝 빛을 뿜는 지붕을 덮었다. 그리고 장엄한 무쇠 종을 올렸다. '너는 아름다운 소리로 이 마을 저 마을 멀리멀리 종소리가 들리도록 울리고 울려라. 메아리가 되어 머~ 얼~ 리 소리를 전해 다오.' 노인의 간절한 소원이었다. 노인은 무쇠 종을 자식처럼 사랑하고 남편처럼 소중하게 생각하며 살아왔다.

한국 전쟁에 큰 상처를 안고 홀로 자신을 지켜온 여인이다. 자신의 배를 채우기 전 이웃을 먼저 돌아보고, 따뜻한 곳에 내 등을 대기 전 이웃을 챙기는 그녀였다. 누가 그녀에게 자식이 없다고 말하겠는가. 누가 그녀에게 외로운 사람이라고 말할 수 있으랴. 그녀에게는 모두가 자식이고 형제요 자매였다. 가난하고 배고픈 이웃을 자신보다 더 사랑하고 섬겼기에 종 줄을 당기며 그들을 위한 기도, 사랑과 평화를 위한 기도로 일평생을 살아왔다. 그녀에게 받은 사랑을 또 이어가는 이들이 있었다. 무쇠 종의 메아리처럼 그녀를 통한 사랑의 메아리는 오늘도 이어가고 있다.

고된 인생길이 나만의 길이겠는가? 이웃을 챙기는 것으로 자신을 달래며 보듬고 살아왔다. 이제 쇠하여 종줄 당길 힘은 없어도, 여전히 새벽을 깨워 두 손을 모아 정성을 다해 평화와 사랑의 종을 울리고 있었다.

변함없이 노인은 무쇠 종이요, 무쇠 종은 노인이요 친구이자 세상 마지막 날까지 함께 가는 동무가 되리라. 욕심 없이 사심 없이 모두를 내어주고 비우고 또 비우고 있었다. 저기에 자리하고 있는 무쇠 종처럼 자신의 소유는 아무것도 없었다. 자신의 자리를 지키고 있을 뿐이다. 그러나 그녀는 부요한 자다. 땀 흘린 수고의 대가를 아낌없이 주고 또 주며 세상과 상관없는 자가 되어서다. 그녀를 바라보는 이들은 남을 위해 이 세상에 태어난 사람이란다. 결코, 그녀의 삶은 잊히고 없어지는 삶이 아니었다. 그녀의 노년은 외롭지 않았다. 그녀를 보고 살아온 그들이 그렇게 살아가고 있었다. 그녀의 노후는 아름답다. 부요한 삶으로 이어갔다. 종소리를 울리지 못하는 무쇠 종처럼 담담히 자신의 자리를 지키는 그녀에게 감사와 존경을 표하고 싶다. 유언 아닌 유언, 은은한 무쇠 종소리로 들려왔다. "자신이 세상 떠나는 날, 최소한의 간단한 예배로, 조문객들의 조의금을 받지 마라. 마지막 나를 찾아오는 이들에게 한 끼 밥은 대접해야 하지 않겠느냐." 주는 자로 마무리하려는 그녀의 음성이 메아리 되어 울린다.

방파제 그녀

 태풍 마이삭에 이어 하이선은 온 천지를 뒤흔들어 놓았다. 아파트 입구에 세운 돌기둥들이 밤사이 두 동강으로 여기저기 널브러져 있었다. 대로에는 간판들이 떨어지고 가로수들이 뽑히고 부러졌다. 노변에 세워둔 차들을 덮쳤다. 산과 들녘에는 나무들이 부러지고 뿌리까지 뽑혀 있었다. 나이테와 상관이 없었다. 조용하고 평온한 낭만이 흐르던 바다였다. 몰아치는 폭풍에는 그 어느 것으로도 자신을 보호할 수가 없었다. 태산 같은 파도는 방파제를 부딪치며 산산조각을 냈다. 무엇이든 삼키려는 성난 야수처럼, 만물의 영장이라는 사람조차 속수무책이었다. 아픈 가슴을 쥐어 잡고 바라볼 뿐이었다.
 하지만, 사나운 태풍도, 성난 파도도 계속 이어지기만 하는 것은 아니었다. 시간이 지나고 폭풍이 물러갔다. 잠잠히 모두는 제자리로 돌아와 있었다. 실바람이 살랑살랑 불어주니 나뭇잎이 춤을 추며 햇살을 즐기고 있었다. 가을이 문 앞에 왔다고 전하는 듯, 싱그러운 향기가 코끝을 간질이고 있다. 바다의 물결이 잔잔해졌다. 갈매기 떼가 끼룩끼룩 소리를 내며 모여들었다. 갈매기들도 태풍에 굶주렸던 배를 채우려는 것인지, 아니면 잔잔하게 평온을 찾은 바다, 그 바다를 노래하며 조물주 하나님께 감사를 드리는 것일까? 여유 있는 날갯짓으로 바다를 맴돌며 춤을 추고 있었다. 잔잔한 물결이 찰랑찰랑 저녁노을과 함께 윤슬이 어우르니 더욱 아름다웠다. 폭풍이 언제 있었냐는 듯 흔적이 없다. 평화롭다. 아스라이 멀리 있는 수평선과 진청색의 잔산한 바다, 파란 하늘이 맞닿았다.

거기에 세월을 걷는 여자가 서 있었다. 먼 수평선에 시선을 멈추고 바다와 하나가 되었다. 쪽빛 바다와 쪽빛 하늘을 바라보며 눈에 담고 마음에 담았다. 쓸쓸해 보였다.

그녀는 천천히 방파제에 걸터앉는다. 발아래 물결이 호수처럼 잔잔하다. 물속을 가만히 들여다보았다. 어느 낯선 할머니가 자신을 바라보고 있었다. 그녀는 긴 한숨을 후우, 하고 내뿜는다. 아마도 오랜 세월의 희로애락의 모든 세월을 모두 토해낼 수 있을 것 같았다. 참으로 오랜만에 느껴보는 편안하고 아늑한 심신의 안식이다. '이런 것이 행복이구나.' 하고 빙긋이 미소를 짓는다. 물속의 할머니도 같은 미소를 짓는다. 여름을 지나 덥지도 춥지도 않은 가을의 문턱에서 비로소 자신을 들여다본다. 맑은 물에 비치는 정제되지 않은 순수한 모습, 오래 묵은 나무처럼 얼굴에 나이테가 깊고 선명하게 드러나 보인다. 고개를 들어 아무 생각 없이 먼 수평선을 바라본다. 짧지 않은 세월의 기억과 흔적들이 물결 따라 다가와 어린 시절로 데려간다. 가장 아름답고 행복했던 유아기, 동시에 가장 상처가 크고 아팠던 시기의 이야기다.

그의 아버지는 그녀를 등에 업고 어깨춤을 추며 갈대가 우거진 안귀미 강가를 거닐고 있었다. 아버지가 어깨춤을 출 때마다 그녀는 아버지 등에서 위로 뛰어올라 무섭기도 하고 재미도 있었다. 까르르 천진스러운 그의 웃음소리는 강에서 뛰어노는 소금쟁이의 움직임에 물결이 퍼지듯 강가로 퍼져 나갔다.

그의 아버지는 갈댓잎을 따서 두 개의 배를 만들었다. 하나는 아버지 배, 하나는 그녀의 배, 아버지는 두 개의 배를 강물에 띄웠다. 그리고는 누구의 배가 먼저 가나 내기를 했다. 앞서거니 뒤서거니 물결을 따라 흘러가는 배를 바라보며, 아버지는 그녀의 볼을 가볍게 두드리며 환하게 웃었다. 아버지 배가 빨라서일까? 그녀와 배를 띄우며 노는 것이 행복해서인지 아버지는 웃었고, 그녀도 아버지를 바라보며 행복하게 활짝 웃었다. 먼저 떠내려가던 갈댓잎 배처럼 그녀의 아버지는 그녀를 홀로 두고 떠났다.

눈에 넣어도 아프지 않다던 어린 딸을 남겨두고, 말 한마디 하지 않고 뒤 한번 돌아보지 않고 떠났다. 전쟁 때문이었다. 6·25전쟁으로 아버지를 잃었다. 그녀의 어머니는 어린 딸을 끌어안고 울었다. 어린 딸은 엄마가 울어서 울었다. 우물 안 개구리처럼 살아가던 그녀의 엄마는 남편 없는 세상의 삶이 힘겨웠을 것이다. 그녀가 짐이 되었을 수도 있었겠지만, 어린 딸이 버팀목이 되었고 삶의 원동력이 되었노라고 하였다. 그 말이 고마워서 그녀는 소리 없이 울었다. 그녀는 엄마를 웃게 해주고 싶었다. 풍랑이 덮쳐도 속으로만 울었다. 고된 삶에도 휘청거릴 수가 없었다. 엄마도 휘청거릴 것 같아, 엄마가 쓰러지면 그녀도 쓰러질 것 같았다. 둘은 서로가 버팀목이 되어야만 했다. 떠난 아버지를 그리워하거나 전쟁을 원망할 여유조차 없었다.

그녀는 "크고 작은 풍랑을 거쳐 여기에 이르렀구나. 그래, 너는 잘 살아왔어. 네 자리를 지키는 일에 성공한 거야." 방파제와 같은 어머니 아버지 때문이야 그녀는 마음속으로 다시 한번 다독였다.

"여기서 안주하지 말자. 한 걸음 더 나아가 꿈과 희망을 품고 황혼을 아름답게, 서둘지도 말고, 천천히 가보리라."

가을날 저녁노을이 붉게 타올랐다.

산소통 종 울림

 막혔던 고향길이 열렸다. 휴전선이 그어지고 38선 이북과 남으로 허리가 잘렸다. 휴전 협정이 되면서 우리는 강제 피난을 하게 되었다. 6년 만에 피난민 생활에서 벗어난다는 소식이 들렸다. 꿈속에서조차 잊지 못했던 고향으로 가는 것이었다. 천하를 얻은 듯 수용소 가족들은 고향 집으로 돌아갈 생각에 설렜다. 수용소에 함께 사는 면민들은 물론이요, 각처로 피난 갔던 면민들도 고향길이 열렸다는 소식에 돌아온다고 하였다. 얼마나 이날을 기다렸던가. 38선 이남이며 임진강 남쪽인 우리 적성면은 유난히 수복이 늦었다. 피난 생활 중에서도 경제적으로 자리가 잡힌 사람들은 고향으로 오기를 머뭇거리고 있었다. 하지만 대부분 사람은 죽으나 사나 오직 고향뿐이라고 생각했다. 큰 기대와 희망으로 우리 모두는 고향으로 돌아왔다.

　우리의 기대와는 전혀 다른 고향의 모습이었다. 참담한 현실이다. 간절히 그리워하며 생각했던 옛 고향의 모습은 간 데가 없었다. 그림 같았던 마을은 적군과 아군의 접전지역이었다는 것을 상기시켜 주었다. 마을과 마을은 폭격으로 부서지고 불에 타 흔적조차 없었다. 집터와 논밭, 작은 동산, 어느 한 곳도 온전한 곳은 없었다. 옛 고향의 작은 그림자도 찾아볼 수 없었다. 어디부터 어디가 마을이었는지, 우리 집은 어디쯤 있었는지 모두 잡초더미와 마구잡이로 자라난 나무와 숲의 뒤엉킴뿐이었다. 우리의 기대와 희망은 산산이 부서졌다. 통곡해도 시원치 않았다. 쑥대밭이라는 말은 오히려 미사어 같았다. 발하나 들여놓을 곳 없는 정글이었다. 그렇게 오고 싶었던 곳이었기에 실망은 더욱 컸다. 그래도 집터와 전답이라도 확인하고 싶었다. 터를 잡고 살아갈 기대와 희망으로 찾아왔는데 주거할 수 없는 지역이라는 푯말이 붙어있었다. 녹슨 철조망이 여기저기 둘러있었다. 이제 우리는 어디로 가야 하나? 막막했다. 다행히 면내 다른 지역은 주거생활이 가능했다. 우리는 고향을 곁에 두고 이웃 마을에 삶의 터를 잡아야 했다. 희망으로 찾아온 고향이었지만 힘겨운 생활은 피난 생활과 별반 다르지 않았다. 다행히 토지 일부는 경작할 수 있었다. 출입증만 있으면 자기 땅을 경작할 수 있다고 했다. 아침에 들어가 일하고 해지기 전에 나오는 것이었다. 피난 생활과 다름없는 피폐한 삶이요, 배고픈 생활도 마찬가지였다. 수년간 묵혔던 땅을 개간한다는 것은 남자가 없는 우리에게는 힘에 겨운 노동이었다. 죽지 못해 하는 것이었다. 농기구는 당연히 없었다. 손과 발 몸뚱이 하나뿐이었다. 의지할 곳 없는 우리는 입에 풀칠이라도 하려면 움직여야 했다. 손발이 터지도록 그것만이 최선이었다. 우리가 해야 하는 우리의 몫이니 피눈물 나는 아픔을 감수하며 하루하루 노역에 묻혀 살았다. 척박한 전답을 개간하는 과정은 사투와 같은 고통이요, 살과 뼈를 깎아내는 고됨이었으나 견뎌야 했다.

이곳에 위로의 메아리가 울렸다. 힘겹게 살아가는 우리들의 심장에 사랑의 메아리로 스며들었다. 마음을 달래주고 보듬어주는 포근한 사랑의 울림이 들려왔다.

내가 다니는 국민학교 뒷동산 작은 언덕 위에 군인 천막 예배당이 세워졌다. 어느 날부터인가 이른 새벽마다 종소리가 울렸다. 우리의 심신에 안녕과 평안을 비는 기도의 메아리로 들려왔다. 천막 예배당은 종을 살 여력이 없는 열악한 교회였다. 아이들을 모아놓고 예배하는 정도였다. 서울에서 신학생이 토요일에 와서 예배를 인도하고 월요일에는 서울로 올라가는 교회였다.

그 울림은 전쟁 중에 총탄에 쓰러져 죽어가는 병사들의 생명을 소생시켜주었던 산소통이었다. 아군도 적군도 가리지 않고 생명을 위해 내주었던 것이다. 자신의 소임을 다 해냈다. 모두를 내어준 빈 산소통은 할 일을 다 했으니 쓸모없다고 버려졌다. 지나는 이들의 발길에 차이며 눈비를 맞아 벌겋게 녹이 슬었다. 흉한 모습에 쓰레기장이나 헐값에 팔려 고물상으로 가야 하는 물건이었다. '쓸모없어 버려진 빈 산소통'

이 어느 반짝이는 병사의 눈에 띄었다. 그는 그것을 주워 물로 씻고 수세미로 닦았다. 정성 들여 수없이 손을 보았다. 그리고 작은 구멍을 뚫었다. 작은 구멍에 튼튼한 밧줄로 묶었다. 언덕 위 나무 십자가가 세워진 천막 교회로 올라갔다. 그리고 나무 십자가 밑에 산소통을 매어 달았다. 전쟁의 폐허 위에 살아가는 이들에게 사랑의 메아리, 희망의 메아리로 울려 퍼져가라고 힘껏 울렸다. 쇠망치로 마음을 담아 기도하며 힘껏 때렸다. 언덕 위의 예배당, 천막 교회에서 땡~~ 땡~~ 지친 영혼들을 위해 널리 울려 퍼졌다. 멋진 종의 모양을 갖춘 것은 아니었다. 무쇠 종도 황금종도 아니었다. 붉은 벽돌의 웅장한 예배당에서 거룩함을 상징하는 종소리는 더더욱 아니었다. 언덕 위에 세워신 예배당, 초라한 군인 천막에서 울리는 종소리였다. 가난하기 때문에 교회 종을 구입한다는 것은 상상조차 할 수 없었는데 예배당에서 종소리가 퍼져 나갔다. 녹슨 산소통! 뭇사람의 발길에 차이다가 버려진 산소통은 하나님의 사랑을 알리는 역할로 충분했다. '모두 힘을 내거라'라는 격려의 울림이었고 우리 고향을 복원하자고 다짐하는 간절함의 울림이 되었다. 매일 새벽 네 시 반 초 종으로 2~3분, 30분 후 재종으로 다섯 시에 2~3분 매일 울렸다. 1년 365일 한결같았다. 희망과 사랑의 메아리로 울려 퍼져 나갔다. 그 울림은 우리의 상처를 싸매어 주었고, 힘겨워하는 이들을 보듬는 울림이 되었다. 들을 지나고 냇가를 따라 육체와 영혼까지 달래주는 소리로 번져 나갔다.

당시에는 시계 있는 집이 거의 없었다. 새벽부터 일하는 우리에게는 산소통 새벽 종소리가 없어서는 안 되는 꼭 필요한 시계 역할로 중요한 자리매김을 하였다.

　누군가가 종이 없는 언덕 위 천막 예배당을 보았다. 무심히 지나치지 않았다. 초라한 나무 십자가! 지나가던 이름 없는 한 병사의 관심이었다.
　그 울림은 사랑의 메아리요, 평화의 소리요, 새날을 여는 시작이었고, 우리의 안녕과 소원을 아뢰는 간절한 기도의 시간으로 이어졌다. 육신과 영혼을 깨워주는 종소리, 녹슨 산소통 울림! 그것은 나에게 하늘로부터 오는 소리였다.

수용소 아이의 특권
- 아버지의 빈자리

    수용소에 삼 년쯤 살다 보니 안정이 되었다. 9살이 되어 초등학교에 들어갔다. 십 리가 넘는 길이었다. 수용소에서 학교 다니는 아이는 별로 없었다. 여자는 나 하나뿐이었다. 아래 동네 원주민 아이들이 있었지만, 거기도 주로 남자애들이었다. 더욱 수용소 아이들과 잘 어울리지도 않았다. 내성적인 나는 늘 혼자였다. 먼 길을 혼자 다녀야 했다. 학교 가는 길은 넓은 대로였지만 교통수단은 전혀 없었다. 간간이 지나가는 커다란 군인 트럭뿐이었다. 코가 크고 이상한 얼굴의 외국인이 모는 트럭이었다. 커다란 차가 흙먼지를 피우며 옆으로 바짝 지나갈 때는 마치 내가 딸려가는 것처럼 무서웠다. 탱크는 더욱 무서웠다. 풀숲으로 들어가 울면서 피했다. 큰길이지만, 양쪽으로 높은 산이 있고 인적이 드물었다. 가끔 미군 차들이 지나가며 과자나 껌, 초콜릿을 던져 주었다. 그것을 줍는 날은 행운이었다. 나는 그것을 먹을 수가 없었다. 엄마를 주고 싶어 코끝에 대보며 초콜릿 향으로만 즐겼다. 저녁에 초주검 되어 돌아온 엄마에게 그것을 내밀면 엄마는 나를 끌어안고 울었다. 내 입에 먼저 넣어 주었다.

수용소 생활은 애나 어른이나 먹고사는 것이 우선이었다. 이웃들은 학교는 뒷전이었다. 배급만으로는 연명하기가 어려웠기 때문이었다. 사친 회비를 내면서 학교에 간다는 것은 맞지 않는 일이라 생각했다. 코흘리개 아이들도 놀지 않았다. 동생을 보거나 밥을 짓고 물을 길어 오고, 산을 뒤지며 나무도 해야 했다. 모두가 하는 것이니 자연스러운 일이었다.

나의 학교생활은 즐거웠다. 공부하는 것도 좋았지만 더 좋은 것은 성탄절 때문이었다. 성탄절에는 미군 부대에 가서 위문 공연을 하는 행사가 있었다. 그 행사에 참가할 학생들을 뽑았다. 나는 항상 뽑혀 나가는 것이었다. 율동과 노래를 특히 많이 배웠다. 배우는 것도 재미있고, 더 좋았던 것은 미군 부대에 갈 수 있는 것이었다. 나만의 특권 같았다. 다른 아이들에게는 부러움의 대상이 되었다. 우리는 미군 아저씨들 앞에서 노래와 춤을 마음껏 자랑했다. 공연이 끝날 때마다 큰 박수 소리는 하늘을 나는 듯 행복하게 해주었다. 오랜 후에 알게 되었지만, 우리가 위문한 것이라기보다 그들이 우리를 위로한 것이었다. 미군 부대 안에 있는 교회가 가난한 아이들을 돕기 위해 많은 행사를 열었다. 위로와 격려, 무엇보다 구제를 위한 것이었다. 내가 뽑힌 것은 춤과 노래를 잘해서가 아니었다. 피난민 수용소에 사는 가난하고 불쌍한 아이라는 특권 때문이었다.

공연이 끝나면 즐거운 식사시간이었다. 고기와 빵, 음료수, 빵에 잼을 발라 먹는 것은 임금님 수라상 이상이었다. 식사 후에는 선물을 보따리로 담아 주었다. 초콜릿, 젤리, 과자, 빵 등 모두 맛있는 것들이었다. 옷과 학용품, 장난감도 예쁘고 좋은 것이었다. 내가 평소에 입던 우리 솜옷과는 많이 달랐다. 따듯하고 예쁜 털실로 짠 옷이었다.

수용소 친구들은 학교 다니는 내가 선망의 대상이었다. 미군 부대 다녀온 날은 더욱 그랬다. 하지만 나는 좋은 것만은 아니었다. "수용소에 산다." "피난민이다"라는 원주민 아이들의 말이 너무너무 싫었다.

개인적으로 피난 갔던 면민들이 우리 수용소 근처로 모여들었다. 수용소 중심으로 면 행정이 이루어졌기 때문이다. 고향에 있던 학교가 수용소 부근에 생겼다. 천막 학교였다. 나는 천막 학교로 전학하였다. 아이들은 별로 없었지만, 피난민들의 자녀였고 내가 사는 주변 아이들이 많았다. 군인 천막 하나에 네 개의 학년이 한 교실에서 수업하였다. 선생님 한 분이 네 개 학년을 한 교실에서 수업하였다. 학생들은 모두 양반다리를 하고 무릎에 책을 놓고 수업을 받았다. 두 반은 야외에서 음악 시간과 체육 시간을 가졌다. 원주민 학교인 천현국민학교와는 비교할 수 없이 작았지만 나는 우리 집처럼 편하고 좋았다. 더욱 이 학교의 교장 선생님은 나의 당숙이 되는 아저씨였다.

2년이 지나고 적성면 일부가 수복되었다. 적성 면민들이 한 집 한 집 고향으로 들어가기 시작하였다. 우리도 가고 싶었지만, 나의 고향마을은 미수복 지역으로 들어가 살 수가 없었다. 나의 어머니는 그래도 고향 가까이 가야 한다고 이웃에 살던 친척들과 대이동을 하였다. 수용소에 있던 면 행정도 학교도 고향으로 들어갔다. 고향이라 왔지만 친척집 윗방에 살게 되었다. 수용소에 있던 적서국민학교가 이곳에 있었다. 학생도 많았고 건물도 큰 학교였다. 수용소 학교에 있던 선생님도 있었다.

적성면 주변에는 유엔군이 많이 주둔하고 있었다. 미군, 터키군, 영국군이 주로 있었다. 동북쪽으로는 한국 군인도 있었다. 군인들을 상대로 먹고살기 위해 각처에서 사람들이 몰려들었다. 하지만 우리는 묵은 땅을 개간하며 농사일밖에 다른 것은 선택할 줄 몰랐다. 출입증이 있어 나그네 같은 농사를 하지만, 고향의 흙냄새를 맡으며 살아간다는 것, 고향을 떠나 떠돌이로 살았던 우리에게는 한없는 감사뿐이다.

승일교를 건너

한 생을 살아가며, 승일교를 오가며 고향을 그리던 어르신이 있었다. 그는 강원도 이천군 서면 문발리에서 태어나 그곳에서 일가를 이루어 살았다. 그러나 한국 전쟁으로 살기 위해 남한으로 내려왔다. 갖은 노고와 고생 끝에 남쪽에서도 새로운 일가를 이루었다. 2남 1녀를 두어 다복하게 살아가고 있었다. 하지만 북에 두고 온 아내와 사 남매 생각은 지울 수가 없었다. 생사만이라도 알고 싶은 마음이 늘 눌리고 무거웠다. 3일 후에 데리러 가겠다고 한 약속은 60년이 지났지만 지키지 못하고 있었다. 고향을 잊지 못하여 그는 서면에서 가까운 철원에 면민들과 공원묘지를 조성했다. 죽어서라도 그들은 고향 가까이 묻히고 싶었다.

1983년 6월 30일 KBS 특집 6·25 이산가족 찾기 프로그램이 있었다. 150명의 이산가족을 스튜디오에 초청했다. 밤 10시 생방송으로 진행되었다. 시작부터 방송국 모든 전화가 빗발쳤다. 그 또한 다이얼을 돌렸다. 이산가족 모두는 같은 마음, 가족을 찾아달라는 한 가지였다. 핸드폰도 인터넷도 없던 시절 전화번호부 하나뿐이었다. 가족의 생사를 알기 위해 그들은 무엇이든 잡아야 했다. 전화라는 대중매체의 위력은 대단했다. 방송국 측은 중단할 수 없었다. 다음날 새벽 3시까지 연장되었다. 사람들의 행렬은 끝이 없었다.

　그 역시 절박했기에 이 대열의 일원이 되었다. 사람들은 본관 앞까지 장사진을 치고 있었다. 가족을 찾아야 한다는 일념뿐이었다. 뉴스를 제외한 모든 프로그램을 중단했다. 이산가족들은 KBS 광장에 돗자리를 깔고 잠을 자며 지켜봤다. 7월 1일 단 하루에 1만 통이 넘는 전화가 울렸다. 이 방송은 5일 동안 이어갔고 500명이 상봉을 하였다. 결국, 방송은 상시 편성으로 되었나. 매일 밤 이어졌다. 1983년 11월 14일까지, 138일, 453시간 45분 연속으로 생방송이 진행되었다. 세계적인 기록이었다. 하지만 생사를 알 수 없는 이산가족들은 허탈했다. 대한적십자 측에서는 이 일을 계기로 다방면으로 북한과의 대화를 이어갔다. 그 이후, 직접 만날 수 있는 상봉의 기회가 트였다. 평양에서, 금강산에서 상봉하였다. 그러나 그에게는 아무 소용이 없었다. 번번이 허탈함으로 마음을 쓸어 안아야 했다.

　그는 북에서 공산당이 싫어하는 조만식 선생과 함께하는 민주당에

승일교를 건너

속하였다. 6·25 당시 남한은 적화되는 것 같았다. 부산만 남았다는 소식에 유엔군이 북으로 들어왔다. 그는 군중들과 함께 플래카드를 들고 유엔군들을 대환영하며 행군을 하였다. 그것이 큰 걸림돌이 되었다. 북쪽에서 매번 거절했다. 백방으로 힘을 썼으나 소용없었다. 그의 나이가 많아질수록 실망과 좌절은 반복되었다. 그러나 포기할 수 없었다.

철원에서 북쪽으로 잇는 다리, 상행선과 하행선 두 개의 한탄대교를 세웠다. 승일교와 나란히 세 개의 다리가 되었다. 넉넉지 않은 생활이지만 그는 다리 놓는 일에 고향 면민들을 독려하며 후원에 동참했다. 그 다리가 고향을 이어준다는 절실함에서였다. 승일교를 걸을 때 한탄대교에 새겨진 빼곡한 이름들. 그중에 '이ㅇ일' 그의 이름이 한눈에 들어왔다. 마음이 숙연해졌다. 아직 만나지 못한 이산가족들이 많다고 그는 말했다. 남은 이들은 마지막 세대다. 몇 년 안에 그들의 비통한 소리조차 듣기 어려울 것이다. 그는 자주 긴 한숨을 쉬곤 하였다. 가끔은 야반도주라도 하고 싶은 간절함이 있다고. 그의 자녀들 또한 아버지 못지않게 힘을 썼으나 쉽지 않았다. 아버지 한을 풀어 드리고 싶었다. 방송사와 적십자사를 통해 가족 찾는 일, 상봉하는 일, 화상으로의 만남 등 팔방으로 애를 쓰며 다녔다. 쉽지 않았다. 몸도 마음도 쇠하여 가는 아버지가 안쓰러웠다. 그대로 세상을 떠나신다면 자식들 또한 한이 될 것 같았다.

지성이면 감천이라고 2005년부터 화상 상봉이 시작되었다. 하지만 그 역시 좁은 문이었다. 2005년 탈락, 2006년 탈락, 2007년 8월 15일엔 당첨되었다. 남산 아래 적십자사에서 화상으로 만나는 것이었다. 대화는 직접 만남처럼 할 수 있었다. 접촉은 아니지만 천하를 얻는 기분이었다. 만나는 그날 그는 알게 되었다. 둘째와 셋째 아들 그리고 부인이 세상을 떠난 것을. 70이 훌쩍 넘은 큰딸은 아버지를 보는 순간 정신을 잃고 쓰러졌다. 모두는 놀랐다. 얼마나 보고 싶었던 아버지인가. 잠시 후 깨어나 대화할 수 있어 다행이었다. 막내딸과 첫째 딸 그리고 첫째의 딸인, 손녀가 함께 나왔다. 감격의 시간이었다. 화상이지만 부녀간의 대면과 주고받는 대화, 말로는 다 표현할 수 없는 감격 그 자체였다.

　손이라도 잡고 싶었을 게다. 끌어안고 맘껏 소리쳐 울고도 싶었을 게다. 무슨 말을 어디서부터 어디까지 할 수 있으랴. 큰딸은 연신 눈물을 훔치느라 말을 이어가지 못했다. 울먹임으로 대화조차 힘겨워했다. 작은딸이 또박또박하게 할 말을 다 했다. 북한을 선호하는 말이 많았다. 건강하게 잘 살아서 다시 만나야 한다는 아버지의 부탁은 더욱 마음을 아리게 하였다. 아내와 두 자식이 떠난 아픔이 컸지만, 두 딸이라도 살아있기에 그의 한을 풀 수 있었다. 평생의 소원을 이루었다. 이제는 여한이 없다고 했다. 이 일을 위하여 뛰어다닌 두 아들이 고마웠다. 천금을 준다 해도 이보다 더 고마우랴. 영상이지만 그의 가슴에 뭉친 것이 시원하게 뚫렸다. 백수를 해로하시고 영원한 하늘나라로 입성하였다. 자녀와 손주들에게 고마움을 전하고 떠나셨다.

아버지의 파묘

　백수가 가까워진 어머니는 아버지 묘를 정리하라고 성화였다. 당신의 짐을 딸에게 맡기고 갈 수 없단다. 살아서 정리해야만 편히 눈을 감을 수 있다고 하며 나날이 어린애 보채듯 하였다. 내게는 전혀 짐이 되지 않고, 오히려 위로와 힘이 되는데도 말이다. 지친 삶에서도 아버지 묘 둘레석에 앉아 있노라면, 전신으로 스며드는 평화로움과 흔적 없는 마을에서 유유히 흐르는 강물, 어린 시절과 아름다웠던 기억들로 어머니 품처럼 편안해진다. 하지만 고집스럽게 보채는 어머니의 뜻을 더는 버틸 수 없었다. 아버지 옆은 어머니 그리고 아래쪽은 내 자리라고 늘 말해 왔다. 아쉽지만 어쩔 수 없이 어머니 뜻을 따르기로 했다. 파묘라는 말을 듣기는 했으나 하는 과정을 본 적도 없고, 내가 한다는 것은 더욱 생각조차 해본 일이 없었다. 남편에게 전문 장의사에게 맡기자고 했으나 남편의 생각은 달랐다. 우리 손으로 직접 한다는 것이었다. 매장한 지, 70년이 되었으니 어렵지 않을 것이라 했다. 공감이 갔다. 내가 볼 수 있는 마지막 아버지라 생각되었다. 쉽지는 않겠지만, 아버지의 뼛조각이라도 한번 보고 싶었다.

 시골 어르신들의 자문을 얻어 시작되었다. 커다란 함석 통과 새끼 두 둘레, LPG 가스, 한지 한 묶음을 준비하여 고향 파주 적성면 장좌리의 아버지 묘를 찾아갔다. 긴 세월이 육칠십 년이 되었지만, 잡초 하나 없는 금잔디가 깔끔하게 펼쳐져 예쁘다. 양지바른 낮은 동산엔 오래 묵은 철쭉들이 그득했다. 아름다운 철쭉 꽃동산도 마지막이라는 생각이 들어 쓸쓸함과 서글픔이 마음을 휘어잡았다. 말없이 흐르는 임진강은 아버지 생존이나 지금이나 변함이 없다. 병풍 같은 석벽 아래 푸르른 물결도 여전하다. 흔적조차 없는 마을, 어린 시절 마을의 기억이 가물가물 보이는 듯했다. 옛 기억들은 가슴이 시리다. 대포 소리와 총소리가 무서워 엄마 품에 머리를 묻고 울던 그 날, 아침 밥상을 물린 아버지는 동생을 업고 할머니 댁에 다녀오신다고 나가셨다. 늘 내 손을 잡고 다니시던 아버지! 그날은 왜? 내가 아닌, 동생을 업고 나가셨나? 할머니 댁에 다녀온다고, 늘 하던 대로 할머니를 찾아뵙는 일이었다. 그것이 마지막이 될 줄이야.

 아침 일찍부터 정찰기가 마을을 돌았다. 지붕에 닿을 만큼 낮게 마을을 돌았다. 마을 사람들은 놀라 혼비백산하여 숨었다. 항상 정찰기가 마을을 돌고 가면, 이어 쌕쌕이라는 비행기가 와서 폭격하기 때문이었다. 그러기에 정찰기가 뜨면 모두 방공호나 안전한 곳을 찾아 숨었다. 집으로 들어가면 절대 안 된다고 했다.

　나는 큰 언니와 집 옆, 낮은 언덕에서 목화를 빼고 있었다. 작년에 피지 않은 목화를 산소 등에 널어놓았다. 추위와 햇살에 말라 하얗게 피었기에 언니와 나는 목화송이를 뽑고 있었다. 정찰기 소리에 언니는 나를 끌어안고 방공호로 들어갔다. 집안일을 하던 엄마도 우리 셋을 끌어안고, 엄마는 내 귀를 두 손으로 막아 주었다.

　아버지는 할머니 집에서 잘 피할 것이라 생각했다. 두 번의 정찰기가 돌면서, 두 번의 폭격이 어딘가에 가해졌다. 어두운 방공호 속은 소름끼치듯 음산하고 무서웠다. 잠시 후, 이웃에 사는 막내 작은어머니가 숨을 몰아쉬며 방공호로 들어왔다. 아주버님은 어디에 계시느냐고 물었다. 아침에 할머니 집에 가셨다고 했다. 작은어머니는 아니라고 펄쩍 뛰었다. 조금 전 아버지를 보았단다. 아기를 안고 우리 집을 향해 올라왔다고 했다. 첫 번째 포격이 끝나 밖의 상황을 보려고 방공호에서 내다보았는데, 아버지가 산소 앞 잔디에 앉아 대님을 풀어 목에 두르고 아기를 안고 집을 향해 왔단다. 이어 두 번째 폭격으로 꼼작 못했다고 했다. 폭격이 끝난 것 같아 이제 온 것이란다.

　아버지는 집으로 오지 않았다. 큰댁에서 집으로 오는 도중 처음 비행기 폭격에 맞았다. 목 부분에서 흐르는 피를 대님 풀어 목을 감고 집을 향하여 오던 중이었다. 정신이 혼미하여 집을 지나친 것이었다. 폭격기는 아버지를 적으로 오인하여 다시 폭격을 가했고 이로 인하여 우리와는 영원한 이별을 했다.

남편은 둥근 묘를 반으로 그어놓고, 묘를 파기 시작했다. 한쪽 부분만 파 내려갔다. 깊이 들어가며 공간을 넓혀갔다. 일 미터 정도쯤 들어가서였다. 하얀 사기 단추 하나를 집어 조심스럽게 한지 위에 놓았다. 나는 당시의 상황이 보이는 듯 그려졌다.

당시 마을에는 남자들이 없었다. 모두 피난을 갔기 때문이다. 아버지의 시신조차 수습하기가 어려웠다. 정찰비행기와 폭격기는 쉬지 않고 마을을 돌았다. 어머니는 손수 아버지 몸에 굳은 피를 닦아 수의가 아닌 평상복을 입혀 마당 가 텃밭 골에 가묘를 하였다. 며칠 후, 폭격이 수그러들자 어머니는 남자들을 수소문하여 뒷동산에 무덤을 만들었다. 당시 수의를 대신한 옷의 단추였다. 이어 남편의 얼굴이 일그러졌다. 나를 흘낏 보더니 썩은 나무 같은 것들을 단추 옆에 조심스럽게 올려놓았다. 내 아버지였다. 마디 부분들만 조금씩 남아있었다. 이어 머리 부분을 들어 흙을 털며 가슴에 안고 기도를 드렸다. 내 얼굴에 맞대고 사랑을 표하던 아버지의 볼! 눈에 선하다. 설움과 그리움은 눈물이 되어 뼛조각 위로 모든 것을 토했다. 이어 남편이 신음하며 찌그러진 총알을 내 손바닥에 놓았다. 녹이 많이 슬었고 썩었는지 끈적끈적했다. 나는 할 말을 잃었다. 아버지 이 사이에서 나온 것이었다. 이제야 아버지 죽음의 수수께끼가 풀렸다. 대님을 풀어 목을 감은 것은 총알이 목을 뚫고 이 사이에 박혔기 때문이었다. 흐르는 피, 고통스러운 아품에 대님을 풀어 목을 감고 집으로 오려던 것이었다. 정신이 없어 집을 지나쳤고, 이어진 폭격에 그 자리에서 우리와 영원한 이별을 했다.

　나의 아버지는 두 번의 폭격으로 돌아가셨다. 파묘 중 이 사이에서 나온 찌그러진 총알이 첫 번째 폭격이었고, 두 번째 집을 지나치면서, 이어지는 폭격에 그의 생을 마치게 되었다.

　가슴이 미어지게 아파 왔다. 아버지의 고통이 살을 에듯 전해져 왔다.

　육체적 고통! 품 안에 품은 아기 생사의 애절함! 자신을 기다리는 아내와 어린 딸! 눈에 넣어도 아프지 않다던 딸을 두고 어떻게 눈을 감았을까?

　파묘, 아버지의 마지막, 찌그러진 총알! 내 평생의 아픔이다.

전쟁은 정말 싫어요
- 먹거리와 전쟁

뉴스를 통해 우크라이나 전쟁을 보았다. 부모를 잃고 헐벗고 굶주린 아이들, 자식과 가족을 잃어 울부짖는 고통은 마치 우리의 한국 전쟁을 방불케 했다. 지난날 한국의 6·25는 지금의 우크라이나 그 이상 처참한 상황이었다. 그때의 비참했던 일을 우리는 잊지 않으면 좋겠다.

나는 임진강 강가 삼팔선, 남과 북의 경계선이 된 마을 근처에 살았다. 서울이 탈환된 후에야 전쟁이 일어났다는 것을 알게 되었다. 젊은 남자들과 서울에서 학교 다니던 오빠들, 모두가 군에 입대하여 전쟁터로 갔다. 구장 일을 보던 큰아버지가 마을 집집을 돌며 피난을 독려하였다. 큰댁과 작은댁, 일가친척과 이웃들, 마을 대부분이 피난길을 떠났다. 작은 언니는 과년한 딸이라고 넷째 작은아버지 댁에 끼어서 피난을 보냈다. 젊은 여자나 남자들 대부분은 삼팔선 경계에 있는 우리 마을이 위험하다고 하였다. 어디서부터 오는 것인지 강을 건너 피난민들이 줄을 이어 우리 마을을 지나갔다.

　우리도 뒤늦게 피난길에 올랐다. 어디로 가야 할지 막막했다. 무조건 북쪽의 반대로 가야 한다고 했다. 서울은 가장 위험하다고 했다. 밤제 벌판을 나오니 간간이 죽은 사람들이 보였다. 이모 집이 있는 양주 방향으로 들어섰다. 감악산 계곡 입구에 들어서자 시체들이 널브러져 있었다. 시체의 옆을 지나며 평생 처음 보는 모습에 사지가 후들거렸다. 시체를 넘어갈 힘이 없었다. 아버지와 어머니는 피난 짐을 던져버리고 돌 전인 동생과 다섯 살인 나를 업고 집으로 되돌아왔다. 마을에는 친척들 대여섯 집이 남아있었다. 주로 여자와 어린아이 그리고 노인들이었다. 피난길에서 되돌아온 우리는 그 대가를 톡톡히 치렀다. 아버지와 동생을 잃게 되었다. 우리뿐이 아니었다. 미처 피난을 가지 못했던 우리 바로 윗집은 비행기 폭격에 집이 전소되며 여덟 식구가 죽는 비참함이 있었다.

　북한군이 모두 쫓겨 갔다는데 총성과 포성은 멈추지 않았다. 이십여 호의 집 대부분이 잿더미가 되었다. 우리는 친척들과 잿더미에 모여 앉아 밥을 해 먹었다. 화독 내 나는 김치를 꺼내놓고 둘러앉아 먹었다. 어떠한 상황이든 정찰기가 나타나면 우리는 살기 위해 방공호로 들어갔다.

　휴전하면 전쟁이 끝나는 줄 알았다. 피난을 떠났던 마을 일가친척들이 돌아오리라 생각했다. 하지만, 비행기는 날마다 마을을 돌며 감시를 하였다. 북한군 패잔병들이 우리 마을 인근에 있다고 하였다. 임진강이 있어 떨어진 북한군들이 곳곳에 숨어 있다고 하였다. 그들을 토벌하기 위함이란다. 38선을 중심으로 아군과 적군의 포성 소리는 끊이지 않았다. 민간인이 군 작전에 지장이 된다고 하였다. 우리 마을 사람 모두를 강제피난 시켰다. 죽음을 감수하고도 집을 떠나지 않았던 우리다. 원치 않아도 어쩔 수 없었다. 미군 트럭에 강제로 실려 원치 않는 피난길을 떠나게 되었다. 처음 정착한 곳은 파주군 적성면 무건리 산언덕에 천막을 치고 살았다. 며칠 후 조금 남쪽으로 파주군 천현면 오현리, 다시 천현면 갈곡리로 군인들이 옮겨주는 대로 우리는 따라 다녔다. 갈곡리 밤나무 숲 언덕에 피난민 수용소 집들이 지어졌다. 길쭉하고 낮은 집들이었다. 밤나무 사이사이 여러 동을 지었다. 방과 방, 부엌과 부엌이 이어진 십이었디. 어른들이 들어가고 나올 때 허리와 머리를 구부려야 했다. 작은방과 방, 부엌과 부엌이 이어진 집이었다. 방과 방 사이는 흙벽으로 막았지만, 부엌은 기둥뿐이고 가림막이 없었다. 집 지을 자재가 부족했기 때문이었다. 그래도 방바닥은 돌 구들을 이어서 불만 때면 따뜻했다. 오두막이지만, 천막에 비하면 세상에 없는 보금자리였다. 고향으로 갈 때까지 살 수 있는 집이었다. 친척 당숙모와 할머니도 옆집에 살았다. 고령의 할머니는 망령이 들어 당숙모의 고생이 심했다. 식구가 많은 집이 어려웠다. 춥지 않을 때는 나무 밑에서 자기도 했다. 겨울에는 이집 저집 다니며 끼어 자는 일이 많았다. 먹을 것과 입을 것이 부족했다. 어쩌다 보는 무시래기는 고기 같았다. 봄부터 가을까지는 산과 들을 누비며 나물을 캐 먹을 수 있었다. 겨울이면 말이 아니었다. 깡보리밥에 소금을 찍어 먹는 것조차 힘겨운 집들이 있었다. 옆집 당숙모가 무시래기를 얻어왔다. 삶은 무시래기를 소금 간에 버무렸다. 별식이라고 이웃들과 둘러앉아 먹으니 꿀맛 같았다. 나는 긴 것을 자르지도 않고 한입에 넣고 먹다가 크게 꾸중을 들었다. 아껴서 먹지 않는다고.

  어느 날은 옆집 친구가 아팠다. 하얀 쌀죽을 먹었다. 나도 하얀 죽이 먹고 싶었다. 나도 아팠으면 좋겠는데 아프지 않아 슬펐다.

  옆집 오빠들이 어디서인지 가끔 귀한 것을 가지고 들어왔다. 고기와 빵, 과자, 밀가루 반죽 등이었다. 밀가루 반죽으로 수제비도 하고 개떡도 만들어 먹었다. 얻어먹으면 얼마나 맛이 있는지 친구는 과자와 빵을 먹으며 자랑하며 다녔다. 수용소 아이들은 그 친구의 뒤를 졸졸 따라다니며 얻어먹으려 애를 썼다. 우리는 옆집 사는 덕분에 친구 엄마로부터 자주 얻어먹었다. 한참 후에 알게 되었다. 쓰레기통에서 훔쳐 온 것이라 했다. 미군 부대에서 버리는 꿀꿀이죽이라 하는 음식물 쓰레기였다. 거기에는 쓸 만한 것들이 많았다. 그것은 빽 있는 사람들의 몫이라고 했다. 그들이 챙긴 후 돼지 먹이로 파는 것을 아이들이 몰래 훔쳐 오는 것이라 했다. 주인의 눈을 피해, 남자애들이 팔을 걷어붙이고 꿀꿀이죽에서 휘휘 저어 건지다 들키면 두들겨 맞는 일이 많았다. 그렇게 훔쳐낸 것을 냇물에 씻어서 집으로 가져오는 것이었다. 우리는 어디서 가져왔든 상관이 없었다. 그렇게라도 살아야만 했다. 우크라이나 전쟁이 빨리 끝났으면 좋겠다. 지난 우리의 전쟁사가 얼마나 비참했는지.
  비행기 폭격에 피를 흘리며 죽어가던 아버지, 자식의 죽음을 애통함으로 바라보는 부모 형제들, 가정을 뒤로하고 전쟁터에 나간 젊은이들의 골분을 끌어안고 통곡하는 유가족, 이 모두가 지금, 우크라이나 현지에서 재연되고 있단다. 슬프다.

천둥소리

 맑고 깨끗한 하늘에 티 없이 푸르른 산과 들, 초록빛 향기, 도롯가에 흐드러지게 날리는 벚꽃의 함성은 쏟아지는 함박눈을 연상케 한다. 나들이하기에 최상의 날씨였다.
 30여 명이 파주 군청에 모여 관광버스에 올랐다. 자유로를 거침없이 달렸다. 줄 이은 가로수가 푸른 가지를 힘차게 휘저으며 우리를 환영해 주었다. 어느새 한강 대교를 건너 동작동 현충원에 도착하였다.
 도로가 한산하여 거침없이 달리는 고속도로 덕분이었다. 현충원 입구부터 온통 꽃으로 꾸며놓은 공원 같았다. 목련, 개나리, 흐드러진 벚꽃, 수양버들처럼 늘어진 벚꽃이 이색적이었다. 우리는 준비해간 화환을 현충탑 앞에 놓았다. 나이가 지긋한 미망인들의 육체는 연약하나 마음만은 엄숙하게 호국 영령 앞에 섰다. 정복을 한 군인들 군호에 따라 호국 영령에 대한 예를 올렸다. 우리 회원 중에는 이곳에 연고자가 아무도 없는 사람도 있었다. 모두는 지체하지 않고 대전현충원으로 가기를 원했다.

　다시 관광버스에 올라 대전을 향하여 달렸다. 차창 밖 초목의 싱그러움은 우리들의 마음과 눈까지도 시원하게 해주었다. 푸르름의 산과 들, 달리는 버스 안에서 봄의 향취를 마음껏 누리며 대전에 도착하였다. 대전현충원은 동작동 현충원과는 분위기가 아주 달랐다. 꽃이 전혀 없었다. 소나무와 전나무가 대부분이었다. 예쁘게 다듬어진, 줄지은 침엽수들은 마치 질서 정연하게 서 있는 군인 같았다. 검푸름의 무게는 남편과 자식을 연상케 하였고 국가의 안위를 지고 있는 무게감 같았다. 이 분위기에 압도당한 모두는 현충탑 앞에 모여 화환을 놓았다. 제복 입은 군인들의 군호에 따라 호국 영령에 대한 정중한 예를 올렸다. 예를 마친 모두는 무거운 표정들이었다. 잊고 있었던 자식과 남편 생각의 무게 때문일까. 모두는 개인적으로 각각 흩어졌다. 자신들의 연고 묘비를 찾아가는 것이었다. 정해진 시간에 집결지로 다시 모이면 되는 것이었다. 유일하게 우리만은 별개였다. 군인의 안내를 따라 현충원 지하로 내려갔다. 꼬불꼬불 돌고 돌며 따라갔다. "여기입니다." 57구역 까만 판에 빼곡한 하얀 글자! 세로로 쓰인 이름들. 가나다순이었다. 군무원 '이교구' 한눈에 들어왔다. 깨알처럼 많은 이름. 이들은 모두 유해를 찾지 못한 한국 전쟁 참전자들이었다. 12만에서 13만 명 묘비가 없는

천둥소리

위패뿐인 전사자들이었다.

　스무 살에 헤어진 남편, 그 이름 앞에 백수를 바라보는 노인이 서 있었다. 백발의 머리를 숙여 기도하는 모습, 무엇을 기도하는 것일까? 곁눈으로 훔쳐보며 생각했다. 눈물마저 메마른 서글픔, 한 맺힌 그리움, 잘 살아왔다는 안도의 한숨이 아닐까? 모두를 포기하고 내려놓은 모습이었다. '흠칫' 나를 들킨 것 같아 시침을 떼고 정중하게 머리 숙여 기도하였다. '도와주세요. 하나님의 위로가 절실히 필요합니다.'라는 마음으로.

　일 년도 살아 보지 못한 남편! '이교구' 이름 앞에 초점을 잃은 듯 눈을 떼지 못했다. 가녀린 한숨을 내뿜으며 기림틱에 걸터앉는다. 들릴락 말락, 혼잣말로 중얼거렸다. "잊었나 싶으면 기억이 나고, 잊었구나 싶은데, 일부러 잊어보려 하지만 잊히지 않는다고 잊은 듯 일상생활을 하다가 문득 떠오르는 것은 왜인지" 모르겠단다. 잔잔하게 밀려오는 한 많은 여인의 고백은 그리움의 고백 같았다. 재혼하라는 일가친척들과 주변의 권유 때문에 많이 힘들었다고 한다. 어떻게? 나 살겠다고 죽은 사람에게 등을 돌리겠느냐고, 원망도 하고 미워도 했단다. 나를 위한 조언인 줄 알지만, 그래서 더 외로웠다고. 사진 한 장 없고 무덤조차 없는 남편에게 너무한 것 아니냐고 따지며 울었고, 야속하기도 하고 가엽기도 해 하늘만 바라보며 울었단다. 어느 한 획, 한 점의 흔적조차 없는 사람, 자식 하나 남겨 놓지 않고 떠난 야속함, 무엇이 그에 대한 그리움으로 남았단 말인가? 자신을 원망하고 원망하였단다.

'이 교 구' 석 자만은 뇌리에서 잊히지 않고 또렷하다고. 감히 어떤 말로 저 여인의 가여운 마음을 달랠 수 있으며 보듬을 수 있으랴. 까칠한 그의 손을 살며시 잡았다. "잘 살아왔잖아. 부끄럽지 않게" 초점 잃은 그녀의 눈은 멍하니 말을 이어갔다. "그때 가뭄이 심했지" "6월이 다 지났어도 모를 내지 못한 논바닥, 파란 하늘 무더운 날씨에 우르릉~쾅~쾅 천둥 치는 소리, 하늘은 맑은데 소나기라도 한바탕 쏟아지려나" 그 소리는 멈추지 않아 심장을 찌르는 요동 소리로 들렸다.

인천 상륙작전과 서울을 되찾았다고, 우리가 이겼다고, 전쟁은 끝이 났다고 했는데 중공군 개입으로 다시 전쟁이 시작되었다며 마을 젊은 이들과 함께 군에 입영했다. 군인이 아닌 군무원이라고, 군인이 아니니 곧 올 것이라 했다. 꼭 돌아올 것이니 울지 말고 기다리라고. 두 손을 잡아주고 돌아서는 그의 뒷모습! 그 뒷모습이 마음을 에는 아픔이 되었다고. 꿈속에서 깨어난 듯, 내 손을 꽉 잡으며 "가자"라고 했다.

제5부

우리 동네

우리 동네

 산수가 좋고 공기 좋은 우리 동네를 알고 싶어 컴퓨터를 열어 보았다. 행정구역이 정리되기 전에는 자연 부락이 많이 있었다고 했다. 자연 부락 이름들은 모두 재미있었다. 가재가 많다 하여 가재울, 한강 옆 후미진 산 밑에 있는 마을이라 후미께, 절을 지어 동자승을 모셨다고 동자골, 동자골 뒤에 있는 산을 다리 봉, 덕이 높은 사람이 살았다고 고지 봉, 큰 바위가 박혔다 하여 바윗골, 방죽이 있는 곳이라 방죽 말, 이효청의 비석이 있어 비석말, 마을 가운데 큰 우물이 있어 한우물, 응봉, 미역골 등이다. 고덕동은 오래전부터 광주군이었는데 행정구역을 나누며 일본사람들이 고덕리라 하였다. 서울로 편입되면서 광진구에 속하였다가 다시 강남구로, 그 후 강남구에서 강동구 고덕동으로 되었다.

1982년에 택지개발을 하면서 방죽말과 야산들이 택지에 들어갔다. 자연 부락 모두를 행정상 고덕동이라고 하였다.

고덕이란 유래는 고려 말에 형조참의를 지낸 이행중이란 사람에서였다. 그는 이성계의 건국을 반대하여 이곳에 움막을 짓고 숨어 살았다. 그 후 그를 높이 평가하여 벼슬을 다시 주어 불렀으나 끝까지 거절하고 굳은 절개를 지켜 덕이 높은 인물로 추앙받았다. 그분을 기리는 것으로 古德[고더기]이라고 했다는 설도 있다고 하였다.

"서울에도 이런 시골 같은 곳이 있어?"

우리 집에 오는 이마다 한마디씩 하는 소리였다. 그래도 나는 그 소리가 싫지 않고 자랑스러웠다. 각 지방으로 흩어져 사는 사 남매들도 한마디씩 했다, '고덕동 우리 집은 살기 좋은 곳'이란다. 공기 좋고 교통 좋고 시골 같은 넉넉함이 풍기는 곳이라 했다. 며칠 전 연휴에 애들이 약속이나 한 듯 몰려왔다. 아카시아 꽃향기에 코를 벌름거리며 사철이 좋은 우리 집, 고덕동이란다.

우리 집이 있는 고덕동은 정말 사철이 다 좋은 지역인 것엔 틀림없다. 아카시아 꽃향기는 시골서도 맡기 어려운 요즈음이라 했다. 들녘에선 혹 모르지만, 집안 침대에 누워서 꽃향기에 취할 수 있는 곳은 우리 집 고덕동뿐이란다. 누구나 오름 직한 작은 동산들이 동네 전체에 둘러있어 어느 집에서든 2~3분, 멀면 5분 안에 갈 수 있는 거리에 있다. 교통도 시내 모두를 갈 수 있는 버스, 지하철 노선까지 옆에 있으니 말이다.

우리 동네

1988년도 길동 한 칸 방에서부터 일곱 식구가 셋집을 옮겨가며 살았다. 그당시 계약 기간은 6개월, 현재 사는 집을 살 즈음, 길동은 하루가 멀게 집값이 올라갔다. 고민이 되었다. 잘못하면 일곱 식구 궁둥이 붙일 곳도 없을 것 같았다. 쓰러져가는 연립이라도 장만해야만 했다. 그것도 우리에게는 쉽지 않은 일이었다. 더욱 집을 장만하려고 한 것은 식구가 많고 아이가 많은 집은 셋집을 잘 주려고 하지 않아서다. 아이가 네 명, 다른 집의 배가 되었다. 고령의 할머니, 우리 부부, 일곱 식구의 대가족, 우리에게 집 마련이 급선무였다. 우리 사정을 잘 아는 지인이 길동보다 집값이 싼 고덕으로 권했다. 하지만, 우리 힘으로는 가당치도 않았다. 교사의 월급은 살아가기에도 빠듯했다. 집값은 날마다 오르고 있었다.

　우리는 반지하로 들어가고 1, 2층은 전세로 내주고 최대의 은행 융자를 얻었다. 결국, 빚더미에 앉은 셈이었다. 그래도 내 집이라는 것에 감사하고 고마웠다.

　그때부터 나는 돈이 되는 것은 다해야 했다. 가내공업, 파출부, 아기 봐주기 등 할 수 있는 것이라면 다했다. 남편 역시 방학이면 이곳 지하철 공사장에 가서 심부름하는 잡부로 막노동을 하였다. 리어카로 채소 장사를 하기도 했다. 동네를 돌며 배추요, 무요, 소리치며 다니다가 아는 학생을 만날 때면 제자도 놀라고 교사도 놀라는 민망한 일이 심심치 않게 일어났다.

　다행인 것은 중고등학교 등록금이 면제되었다. 애들은 많은데 등록금이 들지 않으니 얼마나 다행인지. 월급날이 되어도 반갑지 않았다. 찾아가는 은행에서 통장을 확인하면 원금과 이자로 다 빠져나갔고 잔돈 몇 푼을 들고나올 때는 허탈했다. 지친 몸을 끌고 집으로 돌아왔다. 그래도 내 집이라는 문패를 마주할 때의 뿌듯함이 있었고 줄어가는 대출금에 기쁨도 있었다.

  문제는 애들이 대학에 들어가면서였다. 다행히 일찍 철이 든 아이들이 열심히 공부해 장학금을 받고 또 알바를 해 적지 않은 힘을 보탰다. 게다가 아들이 대학 1년을 마치고 군으로 가니 숨통이 트였다. 이어 막내의 대입시엔, 가능한 등록금이 적은 학교, 국립을 선택하라 했다. 아이들도 방학이면 알바를 하고 최대한 자기 것은 스스로 해결하려 안간힘을 썼다. 지방 학교에 다니며 금요일 밤에 와서 토요일과 일요일엔 밤잠을 설치며 과외를 하여 내 손에 용돈을 건네주기도 했다. 그 마음들은 집안을 세웠고 탄탄한 버팀목이 되기에 충분했다. 그 결과, 산 좋고 물 맑은 우리 마을 고덕동에 살고 있음이 뿌듯하고 자랑스럽다.

  그 당시를 생각하면 지금도 눈물이 나지만, 돌아보면 우리 가족 특히 아이들에게 많이 미안하고 고마울 뿐이다. 금지옥엽 귀한 아들 고등학교 졸업식에도 돈을 벌기 위해 불참했다. '아들 졸업식 사진'에 엄마 없는 빈자리를 볼 때마다 마음이 시리다. 한 푼이라도 돈을 벌기 위해 불참할 수밖에 없었다. 하지만 나는 후회하지 않는다. 지금 그러한 상황이라면 여전히 그럴 것이다. 결코, 아쉬움과 아픔이 아닌, 보람 있는 일이었음에 아름다운 추억과 그리움으로 내 안에 소중히 간직하고 있다.

아이들이 가끔 집에 올 때마다 눈이 맑아지고 시원하다고 했다. 고덕동은 오염되지 않은 서울이라고. 봄에는 꽃 대궐이요, 여름은 곳곳 청록이 울창한 터널이요, 매미의 노래가 쉬지 않는 곳, 가을엔 짙은 향기의 모과가 떨어지고 복숭아, 밤, 고향의 향취가 가득한 곳이다. 눈꽃으로 덮인 높고 낮은 산, 나뭇가지마다 늘어진 눈꽃, 아이들이 언덕에 올라 비닐 조각 하나로 눈썰매를 만끽하는 곳이다.

고덕천을 따라가며 한강을 오가는 새들, 우거진 수초와 물고기, 자연생태가 골고루 어우러진 생태환경의 최고봉! 우리 마을 고덕.

은행잎 밟으며

가을이 빨리 왔다고 하더니 겨울도 빨리 오려나 보다. 아침저녁 쌀쌀한 느낌이 들었다. 어울리지 않게 나는 두툼한 외투를 입고 나왔다. 오늘은 버스를 타고 늘 다니던 길을 걷고 싶었다. 은행나무 노란 가로수 길을 따라 걸었다. 살며시 부는 작은 바람에도 은행잎이 팔랑이며 내려앉았다. 넓은 인도에 황금빛 양탄자를 깔아 놓은 듯 화려했다. 폭신폭신한 노란 양탄자의 촉감을 느끼며 걸었다. 따스한 햇살, 노란 은행잎이 내 주위를 맴돌며 내려앉았다. 동화에서나 보았던 대관식, 그곳으로 들어가는 황홀한 축제 같았다. 노란 은행잎이 나풀나풀 따라오고 있었다. 주위를 둘러보아도 황금빛 노란 세상이다. 온 세상이 나를 위해 춤을 추며 응원하고 있었다. 동화에서 보았던 그런 대관식으로 들어가는 주인공이 되었다. 갑자기 핸드폰 벨이 울렸다. 꿈을 꾸다 깬 듯 전화기를 열었다.

"저 기억나세요? 세브란스 병원이요"

누구인지 몰라 머뭇거렸다. "저요. 신촌 세브란스 병원 6층 흉부외과 진료실 앞에서 만났던 사람입니다." 기억이 났다. 반가웠다. "박ㅇㅇ 씨죠?" 뜻밖이다. 그동안 잊고 있었다. 나는 2011년 폐암 수술을 받았다. 수술 후 한 달에 한 번, 삼 개월, 6개월에 한 번씩 병원을 방문하여 진료받고 상태를 체크했다.

힘든 고비가 지난 어느 날 본관 6층 흉부외과 진료실 앞에서였다. 환자와 보호자들로 복잡했다. 대기자들의 표정은 대부분 어둡고 무거웠다. 나는 의자에 앉아 내 번호를 기다리고 있었다. 옆에 내 또래의 대기자가 매우 힘들어하고 있었다. 머리를 뒤로 제치고 긴 한숨을 쉬었다. 쓰러지듯 의자에 몸을 맡기고 한숨 쉬기를 반복했다. 일 년 전 나의 모습을 연상케 하였다. 그에게 말을 건넸다.

"힘드세요? 수술하셨어요?"

그녀는 만사가 귀찮다는 듯 작은 소리로 "네"라고 짧게 답했다. 삶을 포기한 사람 같았다. 나도 폐암 수술을 했다고 그녀에게 말했다. 공감되었는지 그녀가 입을 열었다. 두 달 전 자신도 한쪽 폐 2분의 1을 떼냈다고 했다. 지금 가장 힘든 것은 음식을 먹을 수 없는 것이라 했다. 먹지 못해 죽을 것 같다고 했다. 만사가 귀찮다며 다시 쓰러지듯 의자에 몸을 맡겼다. 곱게 늙어가는 좋은 인상이었다. 나는 그의 등에 살며

시 손을 대고 "힘을 내야 합니다."라고 말했다. 나는 팔 개월이 되면서부터 정상적으로 먹을 수 있었다고 말했다. 지금은 잘 먹고 이렇게 병원도 혼자 다닌다고 했다. 두 달이 지났으니 조금만 잘 견디면 된다고 했다. 그의 순서가 되어 그는 진료실로 들어갔다. 나는 다음 순서였다. 진료를 마치고 나오는 그녀의 손을 두 손으로 꼭 잡았다. 서로의 안녕을 빌며 우리는 그렇게 헤어져 잊고 살았다.

일 년 후쯤 어느 날, 신촌 세브란스 흉부외과 간호과장에게서 전화가 왔다. 뜻밖이어서 놀랐다. 놀라지 말라고 안심부터 시켰다. 어느 환자에게서 연락이 왔는데 나의 연락처를 알려 달라고 간곡하게 부탁을 하더란다. 나의 기록카드에는 내 전화번호가 없어서 보호자인 아들에게 전화하였단다. 아들을 통하여 내 번호를 알았으나 나의 허락이 있어야만 그 환자에게 내 번호를 알려 줄 수 있다고 하였다. 나는 반가웠다. 궁금하고 당연히 만나고 싶었다.

병원 간호과장의 도움으로 드디어 만나게 되었다. 오랜만에 우리의 만남은 남북 이산가족의 상봉 같았다. 그 후 친자매처럼 가까운 사이가 되었다. 마음을 주고받는 절친한 사이가 되었다. 진료실 앞에서 해주었던 말 한마디가 큰 힘이 되었단다. 밥을 잘 먹게 되면서 만나고 싶은 마음이 간절하여 병원에 사정한 것이었다. 하지만, 번호도 없을뿐더러 본인 허락 없이는 알려줄 수 없다 하여 실망이 되더란다. 수차례 사정을 하고 복잡한 절차를 거쳐 연락된 것이라 했다.

이제는 진료실 앞에서 힘들어하던 그녀가 아니었다. 씩씩하고 명랑하고 밝은 모습이다. 밥도 잘 먹고 무엇이든지 잘 먹는다고 했다. 그 후 우리는 병원 예약을 같은 날 같은 시간으로 하였다. 의사 선생님도 흐뭇하다며 흔쾌히 같은 시간에 맞추어 주었다. 병원 갈 때마다 우리는 점심을 함께 먹었다.

 당시에 폐암은 사망률이 높다 하여 매우 불안해하였다. 하지만 우리의 건강은 나날이 좋아졌고 진료 후 식당과 찻집에서 많은 시간을 가졌다. 수술 후에 먹지 못해 고생스럽던 이야기, 손자들 자랑, 자식에 대한 고마움, 미안함 등 할 이야기가 많았다. 헤어질 때면 항상 아쉬웠다. 다시 만날 것을 기대하며 헤어지곤 했다. 일상에서도 수시로 연락을 주고받았다. 의사 선생님과 간호사들은 우리 사이를 견우와 직녀가 만난다며 농담 같은 칭찬을 아끼지 않았다. 육 개월마다 우리의 만남은 즐거웠다. 나는 수술 후 만 오 년이 되어 완치 판정을 받았다. '앞으로 이 병으로는 죽지 않는다.'고 생각하라는 의사 선생님 말씀대로 나는 씩씩하게 살아가고 있다. 뒤이어 그 친구도 완치 판정을 받았다.

 우리는 하늘의 축복을 받으며 노랑 은행잎 황금 길을 감사함으로 걷는다.

 오늘도 따뜻한 말을 주고받으며 황홀한 대관식으로 들어가고 있다.

일한 뒤, 그 대가代價

 이른 새벽 기지개를 켜며 밖으로 나왔다. 밤새 내린 이슬로 풀잎마다 진주알을 방울방울 달고 있었다. 하늘을 향해 두 팔을 펴고 온몸을 좌우로 흔들며 스트레칭 흉내를 냈다. 날씨가 갑자기 무덥다고 생각했는데 생각보다 시원하고 상쾌한 아침이었다. 동쪽 하늘에는 벌써 해가 떠올랐다. 구름이 끼어 선명하지는 않았지만, 흐릿한 구름 낀 하늘이 다행스러웠다.
 감자를 캐고 그 자리에 들깨를 심어야 하는 것이 오늘 우리의 일정이었다. 구십이 넘은 노인의 정성이 담긴 텃밭이었다. 아침저녁 들여다보며 가꾸는 일상의 먹거리 저장고였다. 언니는 며칠 전부터 감자를 캐야 한다고 성화를 했다. 이 일은 동생인 내가 앞장을 서야만 했다. 감자를 캐고 들깨 모종까지 마쳐야 하니 부지런함을 피워야 했다. 오뉴월 더위가 무서워서 새벽부터 서두른 것이었다.
　언니의 건강이 좋지 않아 작은 일이라도 걱정을 끼치고 싶지 않아서였다. 내게는 어머니 같은 소중한 존재이니 행여 잘못될까 염려가 되었다. 언니는 교통사고로 석 달을 병원에 있었다. 수술하고 치료가 잘되어 집으로 왔으니 다행이었다. 고령의 노인들은 고관절을 다치면 회복하기가 쉽지 않다. 그러기에 언니 마음을 더 편안하게 해주고 싶었다. 나도 무릎이 고장 난 기계처럼 삐그덕거리기 시작했다. 오늘 일도 혼자 하기에는 힘겨운 일이었다. 서울에 사는 조카까지 호출하여 어젯밤에 내려왔다. 햇빛이 나면 어려우니 새벽부터 해야 한다고 서둘렀다. 아침을 간단히 먹고 완전 무장을 하고 감자밭으로 나왔다. 수건을 목에 걸고 햇빛 가리개 모자를 썼다. 짧은 장화에 목장갑을 끼고 나왔다.
　남편은 새벽에 서울에서 내려와 소리 없이 혼자 일을 하고 있었다. 감자밭에 씌웠던 비닐을 거두어 둘둘 말아 한쪽에 쌓아놓았다. 조카와 나는 한 이랑씩 차지하고 앉았다. 밭일할 때 쓰는 의자를 엉덩이에 붙이고 감자를 캐기 시작했다. 감자알이 제법 굵직하게 들었다. 커다란 감자알을 떼 낼 때마다 기분이 좋았다. 추수의 기쁨을 알 것 같았다. 감사로 이어지는 추수! 감자 대를 뽑아내고 호미로 흙을 살살 파헤쳤다. 잘못하면 감자가 찍혀 상처가 날 수 있었다. 조심스럽게 호미질을 해야만 했다. 자잘한 감자알도 모두 주워 담았다. 땀 흘린 수고의 대가임을 잘 알고 있기에 신경을 쓰고 조심하지만 찍히는 감자가 자주 있었다. 주로 커다란 감자가 찍혔다. 감자에 상처가 날 때마다 내 몸이 상하는 것처럼 아팠다. 생각보다 감자 캐는 것이 어려웠다. 처음에는 재미있고 수월한 것 같았는데 점점 힘이 들었다. 뒤를 돌아볼 때마다 수북이 쌓인 감자무더기가 행복을 안겨주었다. 시골 농부들에게 이런 수고는 매일 하는 것이다. 그들의 수고에 머리를 숙였다.

감자를 다 캐고 난 후 밭고랑에 우거진 풀을 뽑아야 했다. 밭고랑 풀은 많기도 했지만 뿌리가 단단하고 강해서 뽑기가 힘들었다. 고랑에는 비닐을 씌우지 않아 풀이 강하고 뿌리가 컸다. 감자를 캐는 것보다 몇 배의 힘이 들었다. 조카는 도저히 풀까지는 못 뽑는다고 엄살을 하였다. 감자 캐는 것도 쪼그리고 앉아 쉽지 않은 일이었다. 점심까지만 하자고 나는 사정을 하며 달랬다. 나도 힘이 들어 쉬고 싶었다. 햇살은 강하고 땀이 전신에 줄줄 흘렀다. 얼굴은 화끈거렸다. 이제 장화도 장갑도 해 가리개 모자도 몸에 붙어있는 것은 모두 짐이 되었다. 장화, 장갑, 모자와 양말, 모두를 벗어버렸다. 수건 하나만 머리에 걸치고 엉덩이에 달린 의자도 집어 던졌다. 맨발 맨손으로 털퍼덕 주저앉아 몸뚱이를 끌고 다니며 감자를 캐고 풀을 뽑았다. 오늘 중으로 일을 마쳐야 하므로 나는 주춤거릴 수가 없었다. 죽을힘을 다했다. 안 하던 호미질을 하니 손바닥이 반항하였다. 손가락과 손바닥이 부르텄다. 처음 있는 일이었다. 이렇게 힘들게 가꾸어서 나눠주고 베풀며 살아온 언니가 존경스러웠다.

모두가 기다리는 점심시간이다. 점심은 시장에서 시원한 물냉면으로 했다. 식사 후 남편과 조카는 집으로 가서 쉬자고 하였다. 하지만 안으로 들어가면 일하기가 싫어질 것 같았다. 나는 언덕 위 커다란 밤나무 밑에 자리를 잡았다. 다리를 죽 펴고 앉았다. 노동에서 해방된 기쁨, 자연과 함께 주어지는 평화로움과 쉼! 감사가 절로 나왔다. 나무숲에서는 크고 작은 새들의 지저귀는 소리와 포르르 폴짝 다양한 날갯짓들이 앙증스러웠다. 여러 종류의 풀벌레 소리까지도 지친 몸과 마음을 편안하게 해주었다. 소리 없는 바람이 스칠 때는 마음속 깊은 곳까지 쉼의 감격으로 스며들었다.

나는 그 자리에 벌러덩 누웠다. 파란 하늘에 하얀 뭉게구름이 바람 따라 흘러가고 있다. 해를 가려주는 커다란 정자, 밤나무 가지에 달린 이파리, 파르르 떨다가 한들한들 춤을 추듯 모두가 행복의 절정이었다. 땀이 줄줄 흘러내리고 숨이 헉헉 막혔던 고생스러움은 간 데가 없다. 스치는 바람결에 여유로움과 평화! 내 영혼 깊이 스며드는 행복은 노동의 대가일까? 나만의 특권일까?

저녁 늦게 들깨 모종까지 모두 마쳤다. 넓은 밭을 둘러보니 부자가 따로 없다. 나는 뿌듯하나 자리를 옮긴 들깨 모들은 힘없이 늘어져 있다. 나처럼 지쳤나 보다. 하지만 우리에게는 또 내일이 있고 쉼이 있다.

희망과 수확의 기쁨도 있다.

중추절

　유난히 더위가 심했던 올여름이다. 지루하다고 생각했는데, 언제 그랬나 싶게 어느새 꼬리를 감추었다. 망망한 대해, 깊이도 넓이도 알 수 없는 바다다. 무서운 태풍 앞에서는 더위도 무릎을 꿇어야 함을 부인할 수 없는 사실이다. 세상 어떤 것도 자연을 거역하지 못하기에 순리를 따라야 함은 당연하리라. 오히려 그것이 공평함이라는 생각이 들기도 했다.

　더위도 추위도 때가 되어야 하는 자연의 순리, 가라고도 하지 않았고 가지 말라 하지도 않았지만, 어느새 여름은 가고 가을 문으로 들어섰다. 처서가 지나면서 귀뚜라미 소리가 심심치 않게 들렸다. 파란 하늘에는 하얀 뭉게구름이 가을을 알려오기에 하는 말인가 보다. 땅에서는 가을이 귀뚜라미 등에 업혀 오고, 하늘에서는 뭉게구름을 타고 온다는 옛말이 있는 것 같다. 높고 파란 하늘을 보면 눈이 부시다. 춥지도 덥지도 않은 가을, 가을바람에 마음은 한층 싱그러워지고 넉넉해지는 것은 왜일까?

이글이글 내리쬐는 태양, 아스팔트 위에 계란을 놓으니 반숙이 되더란다. 그 이글거리는 뙤약볕을 마다하고 수고한 농부들, 그들의 땀은 결코 헛되지 않았다고 오곡의 풍성한 열매들이 말해주고 있다. 논밭에 익어가는 열매를 보노라면 풍요와 부요함은 물론 수확의 기대로 마음이 넉넉해지는 계절이다. 농부의 힘겨운 수고에 경의를 표하고 싶다. 거룩하기까지 하다면 지나친 말이 될까? 나는 무더위에 견딘 그들을 알기에 분명 신의 보상일 것으로 믿는다. 수고의 설명이 없어도 알곡들은 머리 숙여 겸허히 감사하고 있었다. 최선을 다한 당신의 대가라고.

밤나무에서 주먹만 한 알밤이 터덕, 하고 떨어졌다. 밤나무를 눈처럼 하얗게 뒤덮었던 밤꽃, 괴이한 향기로 온천지를 진동하더니 성게 닮은 밤송이가 꽃만큼이나 다닥다닥 맺혔다. 꽃을 무한 피워놓고 달린 밤송이가 힘겨웠나. 여름을 보내면서 될 성싶지 않은 것은 모두 떼 내어 버렸다. 병든 것, 쭉정이는 제풀에 떨어졌다. 욕심이 없어서일까? 아님, 욕심이 많아서일까? 알곡을 위해 감당할 만큼으로 만족했나 보다. 가을로 접어들면서 떨어진 쭉정이는 발길에 차이고 바람에 날려 말라가고 있다. 자신의 몫을 다하지 못한 대가인가 보다.

나무로부터 선택받은 밤송이는 의기양양하다. 비바람이 흔들어도 요동이 없다. 검붉은 알밤으로 야무지게 익어가고 있다. 잘 여문 알밤, 앞다투어 걷는 이의 발 앞에 터덕, 툭 떨어졌다. 반질반질 기름을 바른 듯하다. 야무진 자태에 발부리 앞에서 애교를 부렸다.

알밤을 주어 요리조리 들여다보았다. 신기하다. 깜찍하고 사랑스럽다. 최선을 다한 자의 쾌거인가보다. 보고 또 보아도 예쁘다. 반질반질, 구미가 돌았다. 입에 넣고 딱 깨물어 보고 싶다. 하지만 아까운 마음이 더 커서 손안에 쥐고 조몰락거렸다. 가을이란 모든 이들에게 사랑과 풍요, 넉넉함이 있어 더욱 행복을 가져다주는 계절인가보다. 조물주 하나님에 대한 감사와 찬양이 절로 나온다. 수확의 기쁨을 전하는 가을의 환희에 우리의 추석 명절은 한껏 부풀어 가고 있다.

떨어져 살던 형제자매, 일가친척, 가족들을 만난다는 것은 누구에게나 무한 설렘과 기대가 되는 일일 것이다. 자식을 기다리는 부모의 마음, 만날 준비와 계획을 하는 과정 그 자체만으로도 행복이요 기쁨이 되었다. 원거리, 단거리를 마다하고 서로의 만남을 위해 오고 가는 것으로 중추절은 더욱 아름답게 익어가고 있다. 우리의 모임은 사랑의 열매요, 알곡처럼 여물어가는 단단한 사랑이 되어간다. 그러니 우리의 추석 명절은 참으로 소중한 절기가 아닌가!

우리 집도 예외일 수 없었다. 한 주 전부터 가족들의 식성을 생각하며 발 빠르게 시장을 다녔다. 사랑하는 자녀들이 한자리에 모이는 것은 일 년에 두 번뿐이다. 구정과 추석, 다른 행사는 자유롭게 오고 가는 것이니 추석이나 구정에는 특별히 신경을 써서 준비하려고 하였다. 사랑하는 내 아이들이 먹고 즐기는 것은 보기만 해도 행복한 일이다. 그러기에 올해도 미리미리 발품을 팔았다. 그런데 공산품도 농산물도 하늘 높은 줄 모르는가 보다. 배추가 금값이었다. 얼마 전까지 포기 당 만 원이 비싸서 머뭇거렸다. 배추 세 포기가 담긴 한 망에 육만 오천 원이라 쓰여있다. 시금치 한 단은 만원이다. 입이 딱 벌어졌다. 믿어지지 않는 현실, 김치를 사야겠다고 생각했다. 김치를 산다는 것은 내 생애에 처음 있는 일이었다. 비싼 덕분인가 맛이 괜찮았다.

잡채에 시금치를 넣어야 하는데 시금치는 한 단에 만 원. 부추로 파란색을 내고 시금치는 사지 않기로 했다. 그 말을 전해 들은 딸이 서울로 장을 보러온단다. '우리 엄마 시금치 사주려고', 나는 농담으로 듣고 웃어넘겼다. 추석 이틀 전 딸이 들어왔다. 시댁에서 나물 당번이란다. 시금치 한 단을 놓고 갔다.

빠지지 않는 우리 집 토란국을 만들기 위해, 까지 않은 알토란을 샀다. 양지 두 근을 사서 푹 끓였다. 무와 알토란을 넣고 끓이는 토란국, 서울과 경기의 중추절에 빼놓지 않는 음식 중 하나이다. 알토란같은 손자 손녀, 나의 자식들이 먹을 것이다.

나를 둘러싸고 있는 알곡과 알밤, 알토란같이 야무진 나의 자녀와 손자들 만날 것에 벌써 마음이 몹시 설렌다.

지진 난 날
- 그때 그 순간

"할머니, 할머니"

"서연아, 왜 그래?"

참았다가 터지는 울음 같았다. '엉엉' 울었다. 뜻밖에 벌어진 상황이다. 나는 그 자리에 서서 왜 그러는 것이냐고 따지듯 소리쳤다.

"서연아, 서연아! 진정해. 울지 말고 말해봐"

"할머니! 지진이 났어요." "학교가 무너졌어요."

"넌 어디야? 동생들은?"

"학교 운동장."

손녀의 말을 듣는 순간 나는 현기증이 났다. '이게 무슨 일인가?' 몸의 중심을 잡을 수가 없었다. 학교 담벼락에 기대섰다.

조금 전, 고덕초등학교 방과 후 교실에서 아이들과 함께 책을 읽고 있었다. 핸드폰에서 평소와 다른 이상한 소리가 났다. 바로 그것이었다. '지진 경보'였다. 알면서도 별 생각 없이 폰을 접고, 하던 대로 아이들에게 동화책을 읽어 주었다. 책 읽기를 마치고 아이들과 자연스럽게 간식까지 나누어 먹었다. 그때 방과 후 선생님이 나를 향해 "포항에 누가 사신다고 하셨죠?" 하고 물었다. 나는 아들이 살고 있다고 대답은 했으나 나와 상관없는 일로 생각했다.

별생각 없이 집으로 오는 길에 혹시나 하고 포항 며느리에게 전화하였다. 며느리가 아닌 큰 손녀가 받았다. 동생 두 명도 같은 학교에 다녔다. 큰손녀에게 혹 연락할 일이 있으면 하라고 며느리가 큰손녀에게 폰을 주었던 것이다. 2학년 4학년 5학년, 늘 엄마의 대리 역할을 잘하는 손녀였다.

손녀가 말했다. 조금 전 수업시간에 지진이 반복하여 일어났단다. 건물이 흔들렸다. 책상이 뒤뚱거리고 물건들이 떨어졌다. 아이들도 휘청거렸다. 그들은 무서웠다. 선생님과 학생 모두 밖으로 나왔다. 1층 현관문을 나오는 순간, 눈앞에 있는 교수 숙소 건물이 우르르 무너졌다. 아이들은 선생님과 함께 있었지만, 서로 부둥켜안고 어찌할 바를 몰랐단다.

이때 내가 전화를 한 것이었다. 할머니 전화에 통곡으로 쏟아낸 것이었다. 삼 남매가 할머니를 부르며 울었다. 나는 큰손녀와 작은 두 아이 이름만 부르며 소리쳤다. 나도 무서웠다. 이때 "할머니, 엄마가 와요."

하며 전화를 바꾸어 주었다. "어찌 된 것이냐." 나는 다그쳐 물었다. 며느리는 염려 말라는 한마디를 하고 전화를 끊었다. 며느리 이름을 거듭 불렀다. 대답이 없었다. 손녀를 소리쳐 불렀다. 역시 답이 없었다. 인명피해로 이어진 것 아닌가. 무서웠다. 심장이 멎는 것 같았다. 핸드폰을 귀에 대고 집을 향해 뛰었다. 울면서 손녀와 며느리를 반복해 부르며 집으로 뛰어 들어왔다. 전화는 여전히 불통이었다. 텔레비전을 틀었다. 지진 현장이 적나라하게 방영되었다. 아수라장이었다. 아파트와 학교가 무너졌다. 땅이 갈라졌다. 아들 병원이 있는 곳 근처였다. 그곳이 발원지라고 나왔다. 참담한 모습에 안절부절못하고, 아들에게 전화했으나 불통이었다. 며느리도 불통, 혹시나 하여 사돈댁에 연락했으나 그곳도 마찬가지였다. 나중에 안 일이었다. 모든 통신이 잠시 중단되었다고 했다. 아들에게 모두 서울로 올라오라고 말했다. 어렵다면 아이들만이라도 올려보내라고 애원하듯 말했다. 아이들이 어리니 경찰에 부탁하라고 하였다.

 두어 시간 후, 다섯 식구 모두 서울로 온단다. 마음이 놓였다. 밤 10시가 되어 포항 식구들이 들어왔다. 바리바리 가방들을 메고 밀면서 들어왔다. 피난민이 따로 없었다. 세 명의 손자들은 "할머니!"를 부르며 허리를 잡고 매달렸다. 놀란 가슴들을 할미에게 펼쳐놓으려 했다. 세 아이의 법석에도 아들 내외는 초주검 되어 소파에 털썩 주저앉아 말이 없다. 오늘 하루가 얼마나 길었는지 둘러앉아 서로의 놀란 가슴들을 쓸어내렸다. 아이들은 암흑 같은 오늘의 일을 앞다투어 말하려 하였다.

지진 난 날

그 난리에도 웃을 일이 있다며 아들은 애들 사이를 끼어들었다. 나는 손자들을 제재制裁시키고, 아빠 이야기부터 듣자고 하였다. 아들은 며느리를 가리키며 사연은 저 사람이 더 많다며 침대로 가서 벌렁 누웠다. 기다렸다는 듯 며느리가 말을 받았다.

서울로 가려고 생각을 했단다. 바로 서울로 가면 편하겠지만 식구가 많으니 며칠 살아야 할 것을 챙겨야 할 것 같아 아파트도 둘러볼 겸 집으로 향했다. 여진은 계속 이어졌다. 내외만 들어가고 세 아이는 차에 있으라 했다. 그런데, 막내가 따라가겠다고 졸라댔다. 위험해서 안 된다고 했지만, 똥이 마려워 화장실을 가야 한다고 했다. 어쩔 수 없어 함께 들어갔다. 아파트 안에는 여기저기 물건들이 널브러져 있었다. 참담했다. 서둘러 물건을 챙기는 도중, 갑자기 아파트가 흔들렸다. 큰 진동과 함께 건물이 흔들리고 큰 물건들이 떨어졌다. 무너질 것 같았다. 막내를 소리쳐 불렀다. 화장실이 아닌 자신의 방에서 나왔다. 아이 팔을 낚아채듯 끌고 밖으로 뛰쳐나왔다. 나와 보니, 애는 맨발이고 슬리퍼 한 짝을 들고 뛰었단다.

차에 올라 놀란 가슴을 진정시키며 서울을 향했다. 무조건 그곳을 빠져나와야 한다는 생각뿐이었다. 처음 당하는 일에 모두는 공포와 두려움, 할 말을 잃었다. 가장 큰 진동은 처음 5.4였고, 아파트에서 4.5가 두 번째 큰 규모의 지진이었다. 여진은 수시로 이어졌다. 뒷좌석에 있던 막내가 침묵을 깼다. 엄마! 하며 멋쩍은 듯 봉투 하나를 내밀었다. 용돈을 모은 것이었다. 제게는 거액인 큰돈이다. 얼마 전 새마을 금고에서 찾았던 돈이다. 엄마에게 맡기라 했고 이자까지 주겠다고 했지만 싫다고 하던 것이었다. 야단을 쳐도 내놓지 않았던 것을 여덟 살 어린 것이 생과 사의 귀로에서 가족을 위해 아낌없이 내어놓다니!

하얀 동정 이야기

　노인은 젊은이들에게 짐이 되는 것일까? 나는 노인이 짐이 되거나 부담이 된다고 생각하지 않았다. 정이 많고 자애로운 인격을 소유한, 무르익은 열매, 삶의 향기가 그윽하게 담겨있는 인생의 시기가 노년기라 생각되었다. 하나의 가정을 이루어준 우리의 부모는 중요한 존재라 생각했다. 그러기에 내가 꿈꾼 결혼생활은 아름다웠다.

　하얀 동정을 달아 얌전한 한복 차림, 정갈하고 단정한 고부가 되어 같이 나들이하는 꿈을 꾸었다. 내 아이를 사랑하며 바라보듯, 시어른을 사랑하며 살아가리라 마음먹었다. 손수 내 손으로 한복을 짓고 하얀 동정을 달아서 입혀 드리고 싶었다. 그러기에 바느질 솜씨가 좋은 언니에게 한복 만드는 것을 배우고, 동정을 다는 연습도 하였다.

결혼대상자인 남편은 시부모님을 모시지 않는다고 했다. 자신을 키워준 외할머니가 계시지만 맏딸인 시어머님이 모시기로 했다. 우리의 신혼생활은 누구의 눈치도 간섭도 없는 둘만이 달콤하게 시작되었다. 이사를 자주 다닌다고 의장(가구)은 해오지 말라 하였기에 의장 값으로 월세가 아닌 전세방으로 시작할 수 있었다. 가난한 시절, 월세가 나가지 않아 저축까지 할 수 있다는 기대로 부풀었다. 우리의 신혼생활은 부러울 것 없는 달콤함 자체였다.

두 달이 되었을 때, 따님과 함께 살 것이라 했던 시외할머니를 시아버님이 모시고 왔다. 예측 못 한 일이었다. 즐거운 것은 아니었지만 싫지도 않았다. 방은 연탄불 온돌로 아랫목에 엉덩이 붙일 정도만 따듯했다. 의장이 없으니 보따리 살림을 겹쳐 놓았다. 셋이 누우면 방이 꽉 찼다. 제일 따뜻한 아랫목은 할머니, 다음은 남편, 그다음이 내 자리였다. 하루하루 갈수록 조심스럽고 불편함이 더해갔다. 결혼 전 시부모를 모시고 살고자 꿈꾸었던 마음과는 달랐다. 교회 가는 날에 하얀 동정을 달아 얌전스레 한복을 입혀 드리고 함께 갔다. 그런 것은 몇 번에 불과했을 뿐, 속마음과 행동은 날이 갈수록 달랐다.

주인댁 할머니는 젊은이가 안 됐다며 헛간으로 쓰는 빈방을 주었다. 온돌을 깔지 않았다고 무임대로 주었다. 군부대에서 나무 침대를 만들어 왔다. 불 때지 못하는 방이었지만 석유 난로 덕분에 침대 생활은 괜찮았다. 오히려 마음이 홀가분해서 좋았다. 할머니는 손자가 추울까 봐 항상 방에서 곁에 데리고 잠을 자곤 했다. 그 생활이 길어지니 나는 소외감을 느꼈고 배신감까지 들었다. 더군다나 내방에는 밤마다 쥐들의 운동장이었다. 천장에서 뛰다 이불 위로 내려와 찍찍거리는 것이 무섭고 고통스러웠다. 나는 이불을 뒤집어쓰고 밤마다 울었다. 저녁이 되면 무서웠다. 아침에 눈을 뜨면 쥐가 솜이불을 쏠아놓는 일이 있었다. 이 상황을 알게 된 친정에서 언니가 내려왔다. 교통정리를 해주고 올라갔다. 그때부터 남편이 내 방으로 왔다. 하지만 이번에는 할머니의 마음이 불편했다. 아침저녁 얼굴 대하기가 조심스러웠다. 남편은 이쪽저쪽 눈치를 보며 살아야 했다.

첫아이를 낳고 논산에서 조치원으로 전속이 되어 새로운 방을 얻었다. 여기에서도 8자 한 칸 방이었다. 애가 생기니 방이 비좁았다. 보따리 살림에 네 식구 잠자리는 매우 복잡했다. 그래도 이 집에는 세놓을 방이 있었다. 하지만 할머니의 반대가 심했다. 연탄값과 전기세를 문제 삼았다. 어쩔 수 없이 또 한방을 써야만 했다. 공중에 그네를 달아 밤에는 아이를 그네에 재웠다.

나는 스스로 달래려 애를 업고 매일 교회 가서 기도했다. 잠자리도 문제였지만 그보다 내 마음이 큰 문제였다. 할머니를 미워하는 마음이 나를 괴롭혔기 때문이었다. 이래서는 안 된다는 것을 알지만 항상 두 마음이었다. 미움은 날이 갈수록 더해갔다. 누구에게 말할 수도 없었다. 남편에게도 어려웠다. 교회에 가서 하나님께만 울며 따졌다. 하나님은 사랑해야 한다고 하지만 나는 그럴 수가 없다고 했다. 주일 아침 할머니 저고리에 하얀 동정을 달고 있는 내 모습과 내 마음은 전혀 달랐다. 서슬이 퍼런 미움의 날이 내 안에 자리하고 있었다. 그래서 하나님께 또 엎드려 울었다. 미움이 아닌 사랑의 마음을 달라고 애원했다. 어린애 보채듯 울며 떼를 썼다. 진심으로 할머니를 사랑하고 싶었다. 제발, 그럴 수 없다면 차라리 내 생명을 거두어 달라고 통곡하며 애원을 하였다. 정말 죽는 것이 나을 것 같았다. 내 힘으로 다스릴 수 없는 내 마음이 미웠다.

그러기를 반복하면서 남편이 군에서 제대를 하고 직장이 바뀌며 서울로 왔다. 서울에서는 돈이 부족하여 방 하나를 쓸 수밖에 없었다. 아이는 넷이 되었고 일곱 식구의 한 방 생활도 이제는 부담이 없는 익숙한 생활이 되었다.

어버이날, 할머니의 연옥색 한복을 손질하여 하얀 동정을 달 때의 흐뭇함은 컸다. 빨간 카네이션을 가슴에 달아드리고 한 상에 앉아 밥을 먹을 때 주변의 칭찬이 부끄럽지만 싫지 않았다. 이제 속과 겉이 다르지 않음에 감사했다. 칭찬이 부끄럽고 부담이었던 나! 시어른과 예쁘게 살기를 꿈꾸며 동정 다는 연습을 했던 일이 뇌리를 스치고 지나갔다.

할머니가 돌아가시는 날, 오늘은 하얀 한복에 하얀 동정, 마지막 동정을 다는 날이 될 것 같았다. 육십구 세에 만나 구십이 세의 일기로 돌아가셨다. 평안한 모습, 예쁘게 보내드리고 싶었다.

철없는 손부, 끝까지 견디고 함께 해주심이 고마웠다. 편안한 모습이다. 호흡이 여리어지며 간간이 긴 숨소리가 들렸다. 내가 할 수 있는 마지막은 입안을 촉촉하게 하는 것뿐이었다. 그러나 "나는?"

옛날 성탄절에

　성탄절이 한 주간 남았다. 지금쯤이면 최고의 크리스마스 분위기가 무르익어야 할 거리인데 조용하다. 예전에는 한 달 전부터 거리마다 상가 앞에는 네온들로 번쩍번쩍 빛을 뿜었다. 산타할아버지의 선물 보따리, 사슴이 끌고 가는 썰매, 빼놓을 수 없는 성탄절의 진풍경이었다. 징글벨 캐럴송은 걷는 이들의 마음을 사로잡아 흥겹고 가볍게 하였다. 저절로 춤을 추게 하는 분위기였다. 1년 중 가장 즐거운 날이라 해도 과언이 아니라 싶었다. 언제부터인지 크게 달라졌다. 거리에서 흥을 돋아주던 캐럴송이 들리지 않았다. 명동과 종로, 광화문 번화한 곳으로 대표적인 곳, 그곳에서도 캐럴송은 들리지 않았다. 외곽 한산한 거리도 마찬가지다. 아이들이 많은 우리 집, 온 가족이 트리를 만들어 성탄절 분위기에 흠뻑 젖었다. 이제는 우리 또한 점점 잊혀감이 아쉽다.

　우리 집은 기독교 가정이다. 성탄절이 가까이 오면, 보관해 두었던 트리를 꺼내 조립을 하였다. 아이들은 이때부터 성탄절 기분으로 사로잡혔다. 색색의 은종이 사슬을 걸치고 별 모양, 지팡이, 산타 모형을 꺼내 정성 들여 꾸몄다. 짤랑짤랑 소리 나는 종을 달았다. 예쁜 꿈을 담아 성탄 나무를 꾸몄다. 우리 역시 자녀들이 떠나서인지, 시류를 따라서인지 절기에 무감각해지고 있다. 해마다 트리 박스가 창고에 방치돼 있다. 생각조차 하지 않았다. 나이든 부부, 단촐한 가족 구성이 더욱 그렇게 만드는 것이 아닌지.

　아이들과 법석이며 살았을 그때에는, 년 중 가장 큰 행사가 성탄절이었다. 마지막 십이월 달력이 열리면, 아이와 어른 모두가 손꼽아 기다렸다. 아이들을 출가시키며 하나둘 떠나고 이제는 내 손을 거친 손자들도 모두 떠났다. 노년의 우리 부부 둘만이 남았다. 트리 하나로 겨우 성탄절 맥을 이어왔다. 하지만, 이제는 그것조차 귀찮았다. 마음은 허전하고 나사 빠진 문고리처럼 헐거움은 왜일까? 아주 소중한 무언가를 잃어버렸을 때의 허탈함이 든다. 예전엔 삼대 대식구가 법석을 떨며 기다리던 성탄절이었는데!

　12월이 되면 남편에게 소나무를 베어 오라고 졸랐다. 성탄절 트리가 있어야 했다. 성탄 나무를 만들고 산타할아버지를 기다렸다. 아이들은 선물을 놓고 가는 산타를 기다렸다. 산타의 선물과 카드, 한 해 동안 자신들의 생활을 꿰뚫어 보는 산타, 착한 일, 칭찬과 고치면 좋을 것 같은

옛날 성탄절에

이야기들을 주고 가는 산타할아버지였다. 아이들 실제 생활에 산타의 효과는 좋았다. 그것은 산타할아버지가 항상 착한아이를 찾아 선물을 준다는 것으로 알고 있었기에 착한 생활을 하려 애를 썼다.

성탄절마다 빠지지 않고 정성껏 준비하는 나의 선물, 그것은 완벽한 산타할아버지의 선물이 되었다. 나는 아이들이 받고 싶어 하는 선물을 미리 확인해 두었다. 평상시 생활에 필요한 것을 받을 수 있도록 유도했다. 애들은 전혀 눈치채지 못하였다. 그리고 애들과 함께 준비한 트리, 24일 밤 아무도 모르게 성탄 나무 아래 놓았다.

성탄절 아침, 아이들은 눈을 비비며 트리로 달려갔다. 자신들의 이름을 확인, 선물을 안고 펄쩍펄쩍 뛰며 좋아했다. 그 모습에 내가 더욱 행복했다.

말을 잘 듣지 않을 때 산타할아버지를 내세우면 효과가 즉시 나타났다. 산타할아버지는 항상 착한 아이들을 찾는다는 것을 알고 있었기에 순진한 아이들은 행여 선물을 받지 못할까? 마음과 행동을 바르게 하려 애를 썼다. 그들은 선물을 받을 때마다, 자신들이 원하는 것을 선물하는 산타가 신기했다. 때로는 자신이 원하는 것이 아니라고 투덜거릴 때도 있었다. 그럴 때마다 나는 둘러댔다. 산타할아버지가 너희 바라는 것보다 이 물건이 네게 더 필요하다고 생각한 것 같다고. 애들은 그대로 믿어 주었다.

아이들이 조금씩 커가면서 산타할아버지에 대한 궁금증이 생겼다. 성탄 전날 잠을 자지 않고 기다렸다. 산타를 꼭 만나야 한다고 저희끼리 교대로 밤을 새우기도 했다. 선물을 준비한 나는 난처했다. 아이들 모르게 놓아야 했다. 우리 집 성탄절 이벤트가 드러날 것 같았다. 이십 사일은 그들도 피곤한 날이다. 교회에서 여러 행사가 많았기에, 피곤을 이기지 못했다. 잠든 아이들 머리에 손을 얹고 하나님께 간절하게 축복 기도를 드렸다. 그리고 트리 아래에 선물을 예쁘게 놓았다.

    이렇게 선물 챙기는 것이 내게는 쉽지 않았다. 식구가 많은 우리는 경제적으로 빠듯하게 살았다. 집 한 칸이라도 장만해야 하는 우리의 목표 때문에 아이들에게 더욱 박하게 했던 것 같았다. 하지만 애들에게 성탄절 선물만은 꼭 해야 한다는 것이 내게는 원칙처럼 되어있었다. 희망과 예쁜 꿈을 꾸게 하고 싶었다. 애들에게 꼭 필요한 물건을 선택했다. 때로는 네 명의 아이가 함께 쓸 수 있는 기차 모양의 연필깎이를 샀다. 그동안 칼로 연필을 깎았기 때문이다. 생각보다 가격이 비쌌다. 그래서 쪽지 편지를 썼다. 이것은 네 남매가 함께 쓰는 선물이다. 너희를 사이좋게 만드는 선물이라고 썼다. 아이들은 그대로 믿고 좋아했다.

    어느 해에는 정말 선물 살 돈이 없었다. 이제 생각하면 참 융통성 없는 엄마로 아이들에게 큰 실망을 주었다. 나는 무거운 마음으로 네 아이를 트리 앞에 앉혔다. 그리고 그동안 산타 할아버지의 선물은 엄마가 준비한 것이었다, 라고 고백했다. 그 말에 아이들은 믿으려 하지 않았다. 나는 미안하다고 거듭 사과했다. 작은 두 아이는 속았다고 거실 바닥에서 뒹굴었다. 산타할아버지의 꿈이 한순간에 깨져 버렸다. 오죽했을까? 큰애와 둘째는 말하지 말지 굳이 말을 왜 하냐고 투덜거렸다.

너무 허탈하다고.

  나는 그 후 오랫동안 후회했다. 철모르는 순진한 아이들의 예쁜 꿈을 산산이 부서뜨린 것 같았다. 바보 같은 엄마였다. 이웃에게 돈을 빌려도 될 것을, 가게에서 학용품 정도는 외상으로 해도 되었을 것이다. 그때나 지금이나 융통성 없기로는 여전하다. 주변머리 없는 엄마로 살아온 나. 그때를 생각하면 마음이 시리다.

  아이들이 허전하다고 한 그 마음, 거기까지 미처 헤아리지 못했던 어미였다. 아이들이 없는 지금의 빈자리가 나를 허전하게 하듯 선물이 없는 그 빈자리에서 아이들은 얼마나 허전하고 허탈했을까. 많이 미안하다.

호스피스 봉사

　암이라는 진단을 받으면 한 번쯤은 죽음과 연결하게 된다고 한다. 겉으로는 아닌 척하기도 하지만 대부분 그렇다고 했다. 치료하는 과정에서 희망을 바라기도 하고 벼랑 끝에 매달려 보기도 한단다.
　대가족을 거느린 내가 가사 일에서 벗어난다는 것은 생각할 수 없다. 어른들이 떠나시고 아이들이 성장했다. 시간도 마음도 여유가 생기게 되었다. 무언가 나의 일을 하고 싶었다. 그동안 네 아이의 뒷바라지에 올인하며 살아왔기에 주변을 돌아볼 기회가 없었다. 이제는 아이들에 대한 지출도 줄었다. 시간적 여유, 경제적 여유, 한숨을 돌리게 되었다. 아이들이 대학에 다니며 방학 기간을 통해 낙도나, 어려운 나라를 다니며 봉사하는 활동이 자랑스럽고 흐뭇했다. 다른 나라의 도움을 많이 받은 우리이기에 내 아이들의 그러한 모습이 대견스럽고 고마웠다. 이제는 내 영역에서 할 수 있는 봉사 활동을 나도 찾고 싶었다. 주변을 돌아보며 섬기는 일들은 곧 나를 행복하게 해주는 것임을 나는 알고 있기 때문이었다.

마침 샘물 호스피스에서 봉사자 교육이 있다고 했다. 교회 친구들과 어울려 교육을 받게 되었다. 직장에 다니는 남편과 함께할 수 있어 더욱 좋았다. 교육은 말기 암 환자 이해와 이론과 실습을 겸하는 것이었다. 6주의 과정을 마치고 샘물 호스피스 8기로 수료했다. 우리는 수료 직후 용인에 있는 샘물의 집 호스피스에서 봉사 활동을 시작하였다. 당시 호스피스 병동이 있는 병원이 강동구에는 없었기 때문이었다.

임종을 앞둔 말기 암 환자들은 말 그대로 생명의 마지막 터널 앞에 있다. 처음 대하는 말기 암 환자들이 가여웠다. 그들은 신체적, 정신적으로 지쳐 있었다. 그러기에 육체적, 정신적, 영적인 부분까지 챙겨야 하는 것이 우리의 일이었다. 그들의 요구에 존엄성을 지키며 도와주어야 했다. 영생의 확신을 가지고 임종하는 환자는 대부분 편안하게 눈을 감았다.

환자의 가족을 돌보는 일도 빼놓을 수 없는 일이었다. 육체적 피곤과 심한 슬픔과 낙심에서 헤어날 수 있도록 도움을 주어야 했다. 호스피스 봉사 활동은 고달프기도 했지만 내 안에 기쁨이 더 컸다. 용인에 있는 샘물 호스피스 병원은 거리가 멀고 교통이 매우 불편했다. 교회 차를 이용하지 않으면 불가능했다. 그즈음 강동구 둔촌동 보훈병원에 호스피스 병동이 생겼다. 우리는 교통이 편리하고 가까운 보훈병원에서 봉사 활동을 하기로 하였다. 샘물에서도 보훈병원에서도 환영해 주었다.

　보훈병원 최초의 호스피스 봉사자가 되었다. 두 명씩 짝을 지어 전적으로 봉사 활동을 시작하게 되었다. 보훈병원은 암 환자뿐 아니라 한국 전쟁과 월남전에서 부상당한 상이 군들도 있었다. 그들도 돌보아야 했다. 장기 환자이므로 가족도 힘이 들었고 가족이 없는 환자도 있었다. 신체적 장애로 장기간 입원해 있는 상이군 환자들의 고통도 암 환자 이상으로 괴롭고 힘들다고 했다. 양다리가 절단되고 엉덩이로만 생활하는 환자도 있었다. 찾아오는 이가 없어 외롭고 힘들어서인지 안정을 취하지 못했다. 누워만 있는 생활이 오죽하랴. 화를 자주 냈다. 신경질적이었다. 그런 환자들은 짜증이 심하니 주변 환자들까지 힘들게 하였다. 어떻게 접근해야 할지. 기대와 희망이 없는 그들이었다. 어떠한 방법으로든 그들의 도움이 되고 싶었다. 고민하지만 쉽지 않은 일이었다. 다만 그들을 위해 기도하며 하나님의 손길로 품어주고 기도할 뿐이었다. 진심을 다하고 함께하는 시간이 길어지니 그들의 마음도 조금씩 열리고 속내를 내놓았다. 서로의 마음을 나누니 성품도 변해갔다.

　암 환자 관리도 만만치 않았다. 잦은 구토와 배변 관리, 고통스러워하는 모습을 볼 때 마음도 아팠고, 육체적으로도 힘이 들었다. 우리는 지쳐 있는 환자의 가족에게도 손을 잡아주고 보듬어야 했다. 심신을 쉴 수 있도록 마음의 여유로움을 주어야 했다. 늘 환자 곁을 떠나지 못하는 가족들이었다. 그들 또한 지쳐 있었다. 봉사자들은 이 일을 잘 해내야 했다. 가족들이 안심하고 우리에게 환자를 맡길 수 있을 만큼 시간이 가고 날이 갈수록 우리는 숙련된 호스피스로 자리를 잡게 되었다. 힘들기보다는 감사할 수 있는 여유까지 생겼다. 그렇게 할 때 가족들도 우리를 믿을 수 있었다. 편한 마음으로 환자를 맡겼다. 가족들과 환자들을 돌보는 일은 결코, 쉽지 않은 일이었다. 서로의 진실과 사랑이 통할 때 모두가 행복할 수 있었다. 가족들이 믿음으로 다가올 때, 그들의 표정이 우리 봉사자들에겐 격려와 큰 힘이 되었다.

  돌보던 환자가 돌아가시면 가족들과 장례식까지 함께했다. 슬픔을 함께하고 위로하며 몸과 마음을 보듬는 봉사자로서 보람 있는 일을 이어가고 있다.

수퍼빈
- 네프론 기기

    요사이 빈 페트병 모으기 운동이 확산해 가고 있다. 나도 그 대열의 일원이 되었다. 환경운동을 위하여 모든 사람이 관심을 가지고 동참해야 할 것으로 생각한다. 먼저 핸드폰에 수퍼빈 앱을 깔아야 한다. 내게는 어려운 일이었다. 노인복지관 직원에게 부탁하니 앱을 깔아주고 친절하게 설명까지 해주었다. 살짝 터치하니 순환자원 로봇 네프론 기기의 위치가 나오고 투입 가능 여부를 알려주었다. 자세한 포인트 내역까지 정확하게 떴다.

    지구를 사랑하는 의미 있는 일에 나도 동참하게 되었다. 색이 있거나 이물질이 있는 것은 절대 받아들이지 않았다. 네프론 기기는 깨끗한 것만을 받아먹는다. 불량품은 정확하게 토해냈다. 환경을 지키기 위한 탄소 중립 실천문화 확산을 위한 중요한 일인 것을 로봇기기는 사람보다 더 잘하고 있었다. 다양한 민간기업 중 친환경 활동으로 할 때마다 실적에 따라 인센티브를 지원하는 제도이다. 투입한 만큼 탄소 중립 포인트가 쌓이는 것이었다.

  이 일을 하기 전에는 저녁이면 TV 앞에 앉아 있는 것이 일상의 생활이었다. 이제는 아니다. 저녁상을 치우고 부지런함을 피워야 한다. 집 주변 골목골목을 누비며 걷는다. 가가호호 대문 앞에 걸려있는 재활용 망을 찾는다. 커다란 비닐봉지를 들고 투명한 페트병을 주워 담는다. 크고 작음에는 상관이 없었다. 깨끗하고 투명한 페트병이면 되는 것이다. 하루 30개를 수거하여 돌아오는 것이다. 수거해온 페트병 하나하나 라벨을 떼고 색이 있는 뚜껑은 모두 제거해야 한다. 라벨을 떼고 이물질이 있는 것은 맑은 물로 세척하여 말린다. 다음 날 아침 네프론 기기를 찾아가 투입하는 것이다. 하루 한사람 30개로 제한이 되어있다. 많은 사람의 관심과 동참을 위한 방법이었다. 한 개 넣으면 10, 두 개 20, 30개를 넣으면 300포인트다. 300원이 정립되는 것이었다. 10번을 넣으면 3천 원이 되었다. 이 일을 하기 전에는 10원은 돈 같은 생각이 들지 않았다. 집안 여기저기 보여도 귀하다는 생각을 하지 않았다. 하지만 페트병을 모으면서 생각이 달라졌다. 10원의 가치가 얼마나 귀한지. 페트병 포인트 10원은 그 이상의 가치가 있는 소중한 십 원이었다. 길을 걸으면서도 버려진 페트병 하나에 눈의 초점이 쏠렸다.

  포인트로 쌓아진 것은 내가 쓰기에는 그 가치가 너무 큰 것 같았다.

쓸 자신이 없었다. 기부금 통장으로 만들었다. 돼지 저금통을 깨어 씨앗으로 넣었다. 포인트가 매일 쌓여갔다. 통장을 볼 때마다 뿌듯하다. 남편에게도 우리 아이들에게도 자랑스러웠다. 손자들은 우리 할머니가 최고라며 엄지 척을 해 보였다. 기분이 좋았다. 하지만 남편은 극구 반대를 하였다. 머리가 허연 늙은이가 추접스럽고 자식들에게도 누가 되는 것이라 했다. 그러나 남편도 한두 번 따라다녀 보더니 이제는 나보다 더 열심히 하고 있다. 친구들에게까지 권하면서 다니고 있다.

 우리 부부가 수퍼빈에 매료된 후 우리의 일상으로 자리를 잡았다. 우리 집 근처에는 네프론 기기가 없다. 명일동 이마트 앞에 두 대와 리엔업싸이클 센터에 3대가 있다. 거리가 멀다고들 하지만 내게는 오히려 좋았다. 자연스럽게 걷기운동이 되기 때문이다. 왕복 한 시간 거리다. 걸음 수로는 8천 보에서 만 보 사이가 되었다. 처음에는 힘이 들었지만, 반복하다 보니 이제는 할만했다. 이 일을 하기 전 평상시 가족들이 운동하라고 했지만, 운동을 싫어하는 내게 쉽지 않은 일이었다. 가장 쉽다는 걷기운동도 시작은 하지만 한 주를 이어가지 못하였다. 그랬던 내게 수퍼빈은 즐거운 운동의 효과를 충분히 주었다. '매일 팔천 보 만 보를 걷게 되었으니 큰 수확이 아닌가.' 돈을 받으면서 운동을 하는 시대다. 우리는 돈을 벌면서 운동을 할 수 있으니 감사할 일이다. 일요일과 국가 공휴일은 네프론 기기가 작동하지 않는다. 한주에 하루를 쉬는 즐거움도 있다.

 나의 이웃들은 손질한 페트병을 수시로 현관 앞에 놓고 갔다. 이웃들도 긍정적으로 보고 도와주었다. 한결 쉬워졌다. 무엇보다 늘 잔소리하던 남편이 함께할 수 있어 큰 수확이다. 오늘도 페트병을 수거하기 위해 우리 부부는 골목을 돌며 재활용 망으로 눈을 돌린다. 남편의 몫 30개가 추가되었다. 포인트가 배로 불어났다. 부자가 따로 있나! 자연이 나를 보호하고 내가 자연을 보호하는 이것이 바로 삶의 부자인 것을.

통장을 열어 볼 때마다 배가 부르다. 십 원이 백 원이 되고 삼백 원이 되고, 이제는 동그라미가 다섯 개가 되었다. 연말이면 배가 될 것 같다. 기대가 크다. 기부할 것을 생각하면 벌써 흐뭇하다. 의미 있게 쓰일 것이니까!

수퍼빈을 사랑하는 우리 부부는 오늘도 어깨를 나란히 하여 네프론 기기를 향하여 걷는다.

어·머·나· 운동

긴 머리를 묶고 뛰어다니는 귀여운 아이가 예쁘다. 치렁치렁 생머리에 반지르르 건강한 머릿결이 한눈에 들어왔다. 여자아이로는 유별나다고 생각되었다. 밝고 맑은 샘 같은 눈, 해맑은 미소, 씩씩하고 건강한 아이 같았다.

또래들과 몰려다니는 아이 중 활동이 크게 돋보였다. 좋게 말하면 건강한 아이라 하겠지만 여자아이로서는 조금은 조신하지 않고 덤벙거린다고 말할 수 있는 아이다. 하지만 유난히 나의 시선을 끄는 아이였다. 말이라도 건네 보고 싶었다. 다가가서 손이라도 잡고 싶은 그런 아이였다. 하지만, 요즘은 그렇게 하면 안 된다고 하였다. 별스러운 세상이다. 예뻐도 머리 한번을 쓰다듬지 못하고 사탕 한 알이라도 부모 허락 없이 주어서는 안 되는 세상이란다.

주일날이면 교회에서 자주 만날 수 있었다. 주중에도 저녁 예배에서 엄마와 함께 예배하는 아이의 모습이 들어왔다. 언제 보아도 귀엽고 예뻤다. 늘 나의 시선은 그 아이에게로 가고 있었다. 예배에 가면 당연히 한번은 둘러보았다. 그 아이가 보이면 왔구나 싶고 보이지 않으면 왠지 허전함 같은 느낌이었다.

어느 날, 그 아이 아빠에게 말을 건넸다. "딸이 참 예뻐요."라고. 아이 아빠는 어색했는지? 민망했는지? 잠시 머뭇거리는 듯하더니, "여자가 아니고 남자예요"라고 했다. 나는 예상 못 한 말에 놀랐다. 실망 같은 생각이 잠시 스쳤다. '내가 좋아했는데' 긴 머리의 귀염둥이가 여자가 아니고 남자라니? 왜 머리를 길게 길러서 묶고 다니지! 조금 긴 것도 아니고 아주 길었다. 그 부모가 마땅치 않았다. 여자아이라도 거추장스럽게 생각할 수 있는 긴 머리였다. 나는 곧 마음을 추슬렀다. 어른 남자들도 흔하게 길러 묶고 다니는 세상에 내가 시대를 못 따라가는 것이지. 늙은 탓으로 돌리고, 체념하니 별것도 아닌 것 같았다. 잠시 후, 내 마음을 읽기라도 한 듯, 아이 아빠의 설명이 있었다.

"소아암 환자에게 머리를 기증하려고요."

"아! 그렇구나."

순간 가슴이 울컥, 고맙고 감격스러웠다. 나는 소아암 환자들을 위한 가발 머리 기증하는 것을 익히 알고 있었다. 잠깐이었지만 그에게 많이 미안했다. 나는 머리카락 기증은 여자만 하는 줄 알았다. 좁은 소견, 내 테두리의 생각을 벗어나지 못하는 위인이다. 남자가 일부러 머리를 기증하려고 길렀다니. 몇 년이 걸리는데. 이제 초등 1년생 어린아이다. 주변의 시선이 힘겨웠을 것이다. 장난기 심한 꼬마들의 놀림을 어떻게 견뎠을까? 애잔함으로 밀려왔다.

대학생이 된 내 손녀가 소아암 어린이 환자에게 가발 머리 기증을 하였다. 6년 전, 중학교 입학을 하면서 머리를 잘랐다. 기부할 목적으로 길렀기에 자르는 것이 행복했겠지.

손녀는 머리에 정성을 들였다. 머리가 상해도 안 되고, 염색이나 파마는 절대 안 된다고 했다. 꽃을 가꾸듯 정성을 들였다. 머리에 좋다는 양질의 샴푸를 사용했다. 누군가의 희망이 될 소중한 머리라고 사랑과 애정으로 기르려는 것을 알 수 있었다. 상한 머리는 완전히 잘라내고 자연 그대로의 건강한 머리를 키워야 한다고 했다. 손녀는 얼굴을 토닥이며 가꾸듯 머리도 매만졌다. 그래서 바닥에 떨어지는 한 가닥 머리카락도 아까웠다. 그렇게 온 맘 다해 키운 머리를 중학교 입학하면서 잘랐다. 어린이 백혈병 환자, 머리 나눔 운동재단에 기증하였다. 그런 손녀가 기특하고 늘 자랑스러웠다.

남자가 머리를 키워 가발 기증한다는 것은 처음 알게 되었다. 어린 것이 어찌 견뎠을까? 친구들의 놀림을 어찌 견디었을지 상상이 갔다. 머리 손질을 할 때마다 엄마와 아들의 수고로움은 오죽했으랴. 1학년 어린아이가 빨라도 2년 이상이 걸렸을 것이다. 귀한 분들이다. 아이도 엄마도 존경스럽고 고마웠다. 어린이 소아암 환자가 의외로 많다고 했다. 어·머·나 운동본부 보고에 의하면, 하루에 4명, 매년 1500명의 어린 암환자들이 생긴다고 했다. 그들은 환자에 따라 다르고 약에 따라 다르지만, 일반적으로 항암제는 감염에 저항하는 혈액세포나 소화기관의 점막 세포, 모낭세포 같은 것이 급속하게 성장하는 세포에 영향을 준다고 한다. 이로써 외모적으로 드러나는 부작용이 탈모란다. 탈모는 머리뿐 아니라 몸의 다른 부분에서도 나타날 수 있다고 한다. 보통 일시적 증상으로 치료가 끝나면 대부분 머리카락은 다시 자란다고 한다. 그러기에 소아암 환자들에게 큰 도움이 되는 것이 가발이라고 한다. 소아암 환자들은 암 진단 후, 다양한 변화를 가셔온다. 이에 적응하는 과정에서 심한 스트레스를 받게 되고, 갑자기 치료로 인해 변화된 자신의 외모, 특히 탈모로 어린 환자들은 신체적 위축, 우울감이 생기고 대인관계에도 부정적인 영향을 준다고 한다.

    가발은 그러한 상황에 있는 소아암 환자에게 자신감을 주고 치료에 긍정적으로 임할 수 있도록 하므로 큰 도움이 된다고 한다. 우물 안 개구리로 살아가는 나는 헌혈조차도 못하는 위인이다. 나는 피를 주는 것이 아니고 받아야 한다고 했다. 정상 수치에 미치지 못하다는 것이다.

    어·머·나 운동에 들어가 보았다. 곳곳에서 여군들이 단체로 머리를 길러 기부하는 일, 남자 청년들도 많았다. 수차례 걸쳐 기르고 기증하는 일에 반복하는 청년, 공무원 청년이 주변의 차가운 시선을 견디며 머리를 기르고 기증하는 아름다운 일, 많은 이의 헌신이 있어 살만한 세상이다. 어느 분야든 나도 한몫해야 하지 않을까!

어· 어린이 암 환자를 위한 **머**· 머리카락 **나**· 나눔!

영정사진 유감

숙연히 자신을 바라보는 조문객을 맞이하는 영정사진이다. 상주보다 먼저 영정사진을 주시하고 고인을 조문한다. 무엇인가 말을 할 것도 같고 내 마음을 아는 듯 무언으로 속삭여 주는 것 같기도 한 영정사진! 물론 친분에 따라 다르겠지만 사진 속 고인을 잠깐 정시定視하는 동안 많은 이야기를 주고받는다.

근래에 가까운 이웃들이 심심치 않게 세상을 떠났다. 수첩이나 핸드폰에서 그들의 이름과 전화번호를 지울 때는 만감이 교차했다. 내게도 곧 다가올 일이고 피할 수 없는 일이 아닌가. 장례식장에 들어가면 자연스럽게 영정사진으로 눈길이 따라갔다. 젊은이의 사진이 있으면, 그의 부모님의 애절한 모습이 스치고 노인의 사진에서는 그가 살아낸 인생의 이야기가 비쳤다.

  나는 어떤 영정사진을 만들까? 내게는 여러 장의 영정사진이 있다. 액자에 넣은 것, 앨범에 넣어둔 것, 낱장을 봉투에 담아 보관한 것 등 대여섯 장을 가지고 있다. 오랜만에 사진들을 꺼내 보았다. 한복 정장으로 점잖게 무게를 잡은 사진은 내 모습이 아니었다. 일부러 만든 모양이었다. 내용이 없는 허상이다. 다른 한 장을 꺼내 보았다. 낯설다. 점잖은 양장 차림, 제법 외모에 신경을 쓴 것 같았다. 멋도 부리고 포즈를 취한 모습, 위엄이 있어 보였다. 웃기는 사진이다. 의미도 없고 이야기도 없는 빈 그릇 같았다. 좀 더 많은 이야기를 담고 있으면 좋겠다. 진솔한 이야기로 채워진 사진이고 싶다. 가짜로 꾸민 것이 아닌 세 살배기 아이도 알 것 같은 것이면 좋겠다. 이번에는 평상복으로 자연스럽게 찍은 사진이었다. 약간의 웃는 모습이어서 그중에 나은 것 같았다.

  언제부터인지 교회에서 나이든 어르신들에게 영정사진을 만들어 주었다. 연중 1회, 가정의 달에 5월 행사로 다년간 이어오고 있다. 그래서 찍은 것들이 대부분이었다. 맘에 들지 않아 다시 찍고 친구들의 권유로 이렇게 저렇게 찍고 찍다 보니 여러 장이 되었다. 이번에는 노랑 나비 날개처럼 노랑 블라우스에 커다란 레이스가 팔랑거리는 블라우스를 입은 사진이었다. 교회 계단에 앉아 두 손을 하트모양으로 턱을 바치고 활짝 웃었다. 화려했다. 허연 머리에 어울리지 않는 옷차림에 웃음이 절로 나왔다.

  명절이 되어 모인 가족들에게 사진을 보여주었다. 내 영정사진으로 어떠냐고 물었다. 온 식구가 박장대소를 하였다. 손자들은 손뼉을 치며 좋아하고 상주 감들은 불효자로 광고를 하려고 작심한다고 했다. 조문객이 와서 인사하다 웃으면 상주들도 다 같이 웃음이 터질 것 같다고 했다. 정말 그럴 것 같았다. 하지만 그것이 이상한 것인가? 장례식이, 죽음이란, 슬픔에서 슬픔으로 끝나야만 하는 것일까? 나는 그렇게 생각하지 않았다. 누구나 다 가는 길이다. 그 길을 남은 자들보다 앞에 가는 것일 뿐 다를 것이 없다고 생각했다.

　우리는 떠나는 사람의 흔적을 되새겨보며 그의 삶을 기리며 닮고 싶은 것, 버려야 할 부분을 내게 적용하는 기회로 삼는 것. 그것이 고인에 대한 예의 있는 장례식이 아닐까. 슬픈 상례식보다는 여운이 남는 장례가 되었으면 하는 것이 나의 바람이다.

　요사이 장례문화가 다양해졌다. 어떤 장례에는 일상에서 의미 있는 일이나 가족들이 고인의 좋아하던 모습들을 장식했다. 영정사진 주위로 꽃과 함께 장식하듯 꾸며놓은 것을 보았다. 어떤 장례에서는 입구에 일상의 생활을 영상으로 보여주는 것 또한 좋아 보였다. 이렇게 다양한 것을 보면서 나도 나의 영정사진에 욕심을 내고 싶었다. 이번에는 새로 찍은 것이 아니었다. 손자들을 데리고 서울대공원에서 장미축제를 보며 찍은 사진이었다. 오 년 전쯤 사진이었다. 젊어 보였다. 환하게 웃는 밝은 표정이었다. 화려한 장미꽃들이 아름다운 배경이 되었다. 옷도 가볍고 산들바람도 느낄 수 있었다. 놀이기구도 손자들과 함께 탔다. 이야기가 많이 들어있는 사진이었다. 드디어 나의 영정사진으로 낙찰되었다. 사진업을 하는 조카에게 사진을 올렸다. 나의 영정사진이니 잘 만들라고 했다. 꽃 속에서 활짝 웃는 것이 좋다며 이모 장례식에는 꽃값이 들지 않겠다며 놀렸다.

  나는 슬픔 속에서 진행되는 장례를 하고 싶지 않다. 유쾌하고 밝게 준비하려고 한다. 손자들에게 고마웠던 이야기, 부탁하고 싶은 이야기들을 손편지로 남겨 놓고도 싶다. 나의 흔적을 아들딸들에게 미리미리 조금씩 써놓고 싶다. 영정사진처럼 여러 번 바꾸면 곤란할 텐데, 걱정도 되지만 이 또한 죽음을 위한 현재의 내 삶이다. 즐기면서 차분히. 우리 가족은 대식구이다. 이십여 명 모두에게 진솔하게. 어찌 생각하면 현재도 허둥대며 살아가는데 죽음 후에 걱정을 일부러 하느냐? 반문도 생기지만 그래도 준비하고 싶다. 살아있음에 준비할 수 있다. 이제 큰 숙제가 생긴 것 같다.

  죽음이란 삶을 살아가게 하는 힘이라고 말한 사람이 있다. 공감되는 말이었다. 우리는 현실을 살아가고 있지만 죽음을 수없이 경험하고 여기까지 온 것이 아닌가? 그 또한 삶을 위해서였다. 돌아보면 그 자체도 아름다움이었다. 영원한 안식을 위해 내가 생각하는 것들을 사랑하는 가족들에게 이야기로 남기고 싶어서 오늘도 글을 쓰고 있다.

영정사진 유감

곽경옥의 수필 세계

기본 영성(basic spirituality)의 서사 수필

유한근(문학평론가, 전 SCAU 교수)

1. 원체험 공간의 고향 사랑

작가의 작품은 원체험 공간인 고향에서의 체험, 그 영향을 받는다. 칸트가 말한 재생적 상상력의 원천은 고향에서의 체험이다. 그래서 유년의 기억을 소환하여 끌어내 그것에 의미를 부여하고 미학적 처리를 하게 된다. 그것이 그리움의 소산이든 아니면 충격적이라 잊지 못한 기억이라도 문학적인 상상력으로 재생되게 한다.

곽경옥 작가의 경우에도 예외는 아니다. 작가의 많은 작품은 고향을 그린 수필이다. 그 대표적인 수필이 〈안귀미雁歸湄강과 괘암卦岩〉이다. 이 수필의 서두는 이렇게 시작한다. "내 고향은 자연경관이 참으로 아름다운 임진강 강가에 자리한 곳이다. 안귀미雁歸湄 샛강을 옆으로 하고 임진강 강물이 들어오고 나가는 고야위 촌락이다."라고 소개하며, 고향 마을에 대해서 자세히 설명해준다. "임진강 북쪽에는 고랑포 포구가 있어 황포 돛단배가 떠다니고, 임진강 상류에서 뗏목이 물결 따라 살 같이 지나는 그림 같은 곳이다. 황포 돛단배는 남과 북의 물류 교류를 이어주었고, 일제 강점기 해방 전후에는 서울 마포, 인천 강화의 생활필수품을 수송하는 배이기도 했다. 고랑포는 개성 다음의 큰 시가지, 5일 장으로 유명한 상업 시가지였다. 우리 마을의 일상생활에 도움이 되는 곳이었다."라는 것을 통해서 알 수 있듯이 곽경옥 작가의 고향은 지금의 "임진강 남쪽인 경기도 파주군 적성면 장좌리"이고, "한국 전쟁 전 20여 호의 청주 '곽' 씨들이 모여 살았던 집성촌으로 340년을 자리하고 살았"던 집안의 딸임을 이 수필에서는 밝히고 있다. 그리고 고향의 아름다움, 특히 고향 집을 잊지 않으려는 듯 디테일하게 그리고 있다.

> 빼어난 안귀미의 자연경관에 배를 타고 지나가던 '허미수'란 장수가 은관자 서 말과 바꾸자고 선대 어르신께 찾아온 것을 거절하여 보냈다고 했다. 그 장수는 그대로 돌아갔지만, 그 절경 안귀미를 잊지 못하고 다시 찾아왔다. 절벽을 타고 올라가 '괘암掛巖'이라고 눌러쓴 글씨를 맨손으로 새겼다고 했다. 그로부터 '괘암마을'이라 불렸으며, 오랜 세월 불려오며 '고야위'로 변형되었다. 그 바위에 흐릿한 '괘암' 글자가 여전히 지금도 보인다고 했다.
> 우리 집 사랑채 툇마루에 앉아 안귀미雁歸美강을 내려다보면 마치 우리 집 정원 같았다. 우리 집은 유난히 꽃이 많아 꽃으로 둘러싸인 집, 꽃집으로 알려졌다. 마당 가에 무궁화, 해당화, 함박꽃, 각종 난, 다양한 다년생 꽃나무들이 둘러있었으며 마당 왼쪽으로 돌계단 서넛을 내려가면 한여름에도 이가 시린 샘, 바가지 우물이 있었다. 우물가를 빙 둘러 마당 가에는 일년초들이 꽃을 피웠다. 사랑채에서는 서당으로 천자문 읽는 소리까지 어우러지는 진풍경이었다. 주변

의 부러움을 자아냈던 우리 집이었다. 칠십 년 세월이 지난 현재, 모두 논밭이 되어 마을의 흔적을 찾아볼 수 없었다.

—〈안귀미雁歸湄강과 괘암卦岩〉 중에서

위의 인용문은 작가의 안귀미강과 괘암에 대해서 자세하게 소개하고, 고향 집에 대한 정겨운 기억을 디테일하게 그려놓고 있다. 그리고 그다음에는 "자랑스러운 내 고향, 우리 문중 가문에 상상조차 할 수 없는 불행이 찾아온 것은, 1950년 6·25 한국 전쟁에 이어 1·4 후퇴로 우리 마을은 전쟁으로 처참한 폭격과 총알받이로 폐허가 되었다. 340년을 아기자기 살아온 문중, 집성촌은 하루아침에 만신창이가 되었고 풍비박산되었다. 우리 일가의 가장 아픈 역사로 이어지고 있는 한국 전쟁. 5남 1녀의 아버지 형제는 전쟁의 피해로 남자들 대부분을 잃었다"는 비극적인 상황도 서술하며 결말 부분에 이르러 "꽃으로 둘러싸인 우리 집, 바람결에 떠다니는 황포 돛단배, 미끄러지듯 지나가는 뗏목, 철 따라 찾아오는 새들의 무리, 마당바위 빨래터, 반짝이는 모래섬…. 언제든 소환하면 신기하게도 그림처럼 내 앞에 펼쳐지고 있다"고 회상한다.

그리고 수필 〈노란 개나리와 초가집〉에서는 작가 상상력으로 고향을 찾아간다. "이제 초가집 아가도 돌아왔다. 할머니가 되어 흰머리에 구부정한 허리를 펴 우리를 바라보고 있다. 환한 미소로 띄엄띄엄 발걸음을 옮겨 우리를 향해 오고 있다. 이제 우리는 그와 다시 만남을 이루었다. 동산에 올라 옛 초가집을 그리며 한결같이 임진강 푸른 물에 모두를 띄웠다./노란 초가집! 노란 개나리 울타리! 그리고 노란 새끼병아리가 있고 초가집 아기가 있는 그곳으로. 노란 개나리의 희망은 여전히 흐르고 있다."고 꿈꾼다.

'아버지의 빈 자리'라는 부제가 붙은 〈수용소 아이의 특권〉은 한국 전쟁 공간 중 피난하여 미국부대 수용소에서 지낸 삶을 회상한 수필이다. 유년의 작가는 이 수용소에서 3년을 지내면서 학교에 다닌다. 작가는 외국군인, 트럭도 보게 되고, 초콜릿을 경험하게 된다.

> 수용소 생활은 애나 어른이나 먹고사는 것이 우선이었다. 이웃들은 학교는 뒷전이었다. 배급만으로는 연명하기가 어려웠기 때문이었다. 사친 회비를 내면서 학교에 간다는 것은 맞지 않는 일이라 생각했다. 코흘리개 아이들도 놀지 않았다. 동생을 보거나 밥을 짓고 물을 길어오고, 산을 뒤지며 나무도 해야 했다. 모두가 하는 것이니 자연스러운 일이었다.
> 나의 학교생활은 즐거웠다. 공부하는 것도 좋았지만 더 좋은 것은 성탄절 때문이었다. 성탄절에는 미군 부대에 가서 위문 공연을 하는 행사가 있었다. 그 행사에 참가할 학생들을 뽑았다. 나는 항상 뽑혀 나가는 것이었다. 율동과 노래를 특별히 많이 배웠다. 배우는 것도 재미있고, 더 좋았던 것은 미군 부대에 갈 수 있는 것이었다. 나만의 특권 같았다. 다른 아이들에게는 부러움의 대상이 되었다. 우리는 미군 아저씨들 앞에서 노래와 춤을 마음껏 자랑했다. 공연이 끝날 때마다 큰 박수 소리는 우리를 하늘을 나는 듯 행복하게 해주었다. 오랜 후에 알게 되었지만, 우리가 위문한 것이라기보다 그들이 우리를 위로한 것이었다. 미군 부대 안에 있는 교회가 가난한 아이들을 돕기 위해 많은 행사를 열었다. 위로와 격려, 무엇보다 구제를 위한 것이었다. 내가 뽑힌 것은 춤과 노래를 잘해서가 아니었다. 피난민 수용소에 사는 가난하고 불쌍한 아이라는 특권 때문이었다.
> 　　　　　　　　　　　　　　　　　　　　　－수필 〈수용소 아이의 특권〉 중에서

수용소 아이의 특권은 위 인용문에서 보듯이 피난민 수용소에서 사는 아이들의 생필품 보급을 받는 특별한 권한(?)을 의미한다. "고기와 빵, 음료수, 빵에 잼을 발라 먹는 것은 임금님 수라상 이상"이고, "초콜릿, 젤리, 과자, 빵, 모

두 맛있는 것 (…) 옷과 학용품, 장난감도 예쁘고 좋은 것"이 특권이고, 유년의 작가가 싫어했던 "수용소에 산다." "피난민이다"라는 말, 그것까지도 아이러니하게 특권(?)이었다. 그러나 진정한 특권은 고향 일부가 수복되어 "우리는 묵은 땅을 개간하며 농사일밖에 다른 것은 선택할 줄 몰랐다. 출입증이 있어 나그네 같은 농사를 하지만, 고향의 흙냄새를 맡으며 살아간다는 것, 고향을 떠나 떠돌이로 살았던 우리에게는 한없는 감사함"이 드는 것이 특권이었음을 새롭게 인식한다.

 수필 〈산소통 종 울림〉의 서두는 이렇게 시작된다. "막혔던 고향길이 열렸다. 휴전선이 그어지고 38 이북과 남으로 허리가 잘렸다. 휴전 협정이 되면서 우리는 강제 피난을 하게 되었다. 6년 만에 피난민 생활에서 벗어난다는 소식이 들렸다. 꿈속에서조차 잊지 못했던 고향으로 가는 것이었다. 천하를 얻은 듯 수용소 가족들은 고향 집으로 돌아갈 생각에 설렜다"가 그것으로 한국 전쟁 중 수용소에서 지내다가 수복된 고향으로 돌아가는 설렘을 그리고 있다. "참담한 현실, 간절히 그리워하며 생각했던 옛 고향의 모습은 간 데가 없었다. 그림 같았던 마을은 적군과 아군의 접전지역이었다는 것을 상기시켜 주었다. 마을과 마을은 폭격으로 부서지고 불에 타 흔적조차 없었다. 집터와 논밭, 작은 동산, 어느 한 곳도 온전한 곳은 없었다. 옛 고향의 작은 그림자도 찾아볼 수 없었다. 어디부터 어디가 마을이었는지, 우리 집은 어디쯤 있었는지 모두 잡초더미와 마구잡이로 자라난 나무와 숲의 뒤엉킴뿐이었다. 우리의 기대와 희망은 산산이 부서졌다. 통곡해도 시원치 않았다. 쑥대밭이라는 말은 오히려 미사어 같았다"라고 한국 전쟁이 끝나고 6년 뒤에 찾아간 고향의 처참한 모습을 그린다. 꿈속에서도 그리워하던 고향의 모습이었는데 고향은 주거할 수 없는 지역임을 인식하게 된다. 그런 고향을 지키고 버텨준 표상물이 작가에게는 종소리를 울려주는 산소통이다. 그것을 작가는 이렇게 표현한다. "이곳에 위로의 메아리가 울렸다. 힘겹게 살아가는 우리들의 심장에 사랑의 메아리로 스며들었다. 마음을 달래주고 보듬어주는 포근한 사랑의 울림이 들려왔다./내가 다니는 국민학교 뒷동산 작은 언덕 위에 군인 천막 예배당이 세워졌다. 어느 날부터인가 이른 새벽마다 종소리가 울렸다. 우리의 심신에 안녕과 평안을 비는 기도의 메아리로 들려왔다. 천막 예배당은 종을 살 여력이 없는 열악한 교회였다. 아이들을 모아놓고 예배하는 정도였다. 서울에서 신학생이 토요일에 와서 예배를 인도하고 월요일에는 서울로 올라가는 교회였다./그 울림은 전쟁 중에 총탄에 쓰러져 죽어가는 병사들의 생명을 소생시켜 주었던 산소통이었다."라고 회상한다. 천막 예배당 "초라한 나무 십자가를 세우고 십자가 아래 녹슨 산소통" 소리를 작가는 "상한 자, 병든 자의 마음으로 다가오는 사랑의 종소리였다"라고 인식한다. 이 수필의 결말에서 작가는 "그 울림은 사랑의 메아리요, 평화의 소리요, 새날을 여는 시작이 되었고, 우리의 안녕과 소원을 아뢰는 간절한 기도의 시간으로 (…) 육신과 영혼을 깨워주는 종소리, 녹슨 산소통 울림! 그것은 나에게 하늘로부터 오는 소리였다"라고 인식한다. 다분히 신앙적이다.

2. 전방위적인 가족 사랑

가족은 대체로 "혈연관계로 같은 일상생활을 공유하는 집단"이라는 사전적 의미를 지니고 있지만, 같은 의미의 유사어로는 가솔家率이라는 언어도 있다. 일반적으로 밥을 같이 먹는 사람이라는 의미의 식솔食率 혹은 식구食口라고 말하기도 한다. 식구의 사전적 의미는 "한집에서 함께 살면서 끼니를 같이하는 사람" 또는, "한 조직에 속하여 함께 일하는 사람을 비유적으로 이르는 말"이다. 자식을 사랑하는 어미가 가장 많이 하는 사랑의 말은 "밥 먹자"이다. 그래서 작가들의 경우, 가족 이야기에서는 먹거리를 빼놓을 수 없다. 그 대표적인 곽경옥 수필이 〈어떤 웃음〉이다.

이 수필의 서두는 이렇게 시작한다. "몇 년 전 담아놓은 매실액을 요긴하게 먹고 있다. 주방에서 찬을 만들 때 많이 사용하고 있다. 단맛 신맛이 필요할 때, 잡내를 제거할 때, 김치 할 때, 고기를 잴 때 생선조림 등 거의 단골로 사용하고 있다. 식사 후 후식으로도 괜찮았다. 간단하고 편리한 이유도 있지만, 양이 많아서 소비할 목적으로 사용하고 있다. 탄산수에 매실액을 희석하여 먹으면, 몸에 유익한 최고의 탄산음료가 된다. 다자녀를 둔 세 딸은 아이들에게 이것을 주어 탄산음료로 대치하는데 돈도 절약되고 건강에도 좋아서 한몫하고 있단다"라고 말하면서, 인터넷 검색을 통해 매실액의 효용성을 환기해준다. 그런 뒤 매실과 관계된 남편의 이야기를 전개한다.

> 우리 부부는 매실차를 마시면서 한 차례씩 웃곤 한다. 웃으면 복이 온다고 도대체 누가 한 말이야? 웃다가 홀아비 되는 줄 알았다며 히죽히죽 웃는 남편, 놀란 값을 치르기 위해 열심히 먹어야 한다고 했다.
> 논 가에 심긴 매실을 수확했다. 대 풍작이었다. 양이 많아 시골 언니 집에서 담기로 했다. 나눠주기를 좋아하는 언니, 담아서 이웃과 나누어 먹으면 좋겠다고 했다. (…) 남편에게 설탕을 사 오라고 부탁을 하였다. 잠시 후 남편이 설탕 1kg 두 봉지를 달랑달랑 들고 와서 우리 앞에 내밀었다. 산더미 같은 매실에 가

당키나 한가? 매실과 설탕이 동량으로 넣는 것인데. 말 한마디 못하고 나는 웃음이 터져 나왔다. 어처구니가 없었다. 배를 쥐고 웃었다. 옆에 있던 언니가 사 온 사람 민망하게 심하게 웃는다고 핀잔을 하였다. 하지만 웃음을 멈출 수가 없었다. 멈추려 했지만 멈춰지지 않았다. (…) 웃음보다 신음이 맞을 것 같았다. 분명 웃음이 아닌, 죽음 직전의 신음이었다. 참으려 하지만 참지 못하는 웃음, 남편은 어이없다는 듯 왜 그러냐고 다그치며 소리쳤다. 함께한 언니가 놀랐다. 정신 차리라고 소리쳤다. 귀로는 들렸다. 내 의지로는 어찌할 수 없었다. 죽는다고 말하고 싶었으나 그것도 생각뿐이었다. 작아지는 신음과 숨이 멎는 것을 느낄 수 있었다. 가슴에 쥐어짜는 압박을 느끼며 의식을 잃었다. 119 구급대가 오고 사람들이 웅성거렸다. 바로 깨어났다. 여자 구급대원이 혈압과 열을 체크하였는데 정상이란다. 놀란 남편에게 과정을 물었다. 남편은 매실을 씻으며 있었던 일을 말했다. 119 소리에 놀란 이웃들도 입가에 웃음, 구급대원의 병원 권유를 거절하고 우황청수만 한 병을 먹고, 많은 매실을 모두 담갔다.

-〈어떤 웃음〉 중에서

 산더미와도 같은 매실을 담는데 1kg짜리 설탕 두 봉지만을 사 온 남편의 무지를 보자 웃음이 터져 끊이지 않아 119 구급대까지 출동한 웃지 못할 에피소드를 그린 이 수필에서 작가가 정작 말하려 하는 메시지는 웃음의 의미이다. 웃음의 의미를 이렇게 실감 나게 하는 수필을 나는 본 적이 없다. "웃음에 대해 알아보았다. 사람의 웃는 얼굴은 햇빛과 같다고 했다. 웃음이 우리 인간에게 주는 도움은 셀 수 없이 많았다. 심장, 뇌뿐만이 아니라 인체 어디에나 유익을 준다고 했다. '웃지 않는 청년은 야만인이요. 웃지 않는 노인은 바보다.'라는 말도 있다. 웃음은 만물의 영장인 사람만이 누릴 수 있는 표현상의 특권이라고도 했다. 잘 웃지 않는 사람을 위해 웃음 치료사까지 있는 시대다. 하하하, 호호호, 깔깔깔, 간간대소, 미소, 고소, 홍소, 냉소, 조소, 실소 참으로 종류도 많고, 모양도 소리도 다양했다. 웃음이 좋지 않다는 말은 없었다. 눈가와 입가에 주름이 조금 생긴다는 말 외에는 찾지 못했다. 그렇다면 과연 좋기만 한 것이 맞는가!"라고 이 수필의 결말 부분에서 말하면서 작가는 마지막 단락에서 이렇게 마무리한다. "매실도 좋은 것이고 웃음도 좋은 것이다. 하지만 적절한 선에서일 것이다. 선을 넘는 것은 좋은 것이라도 독이 될 수 있다. 귀한 교훈을 내게 준 매실. 오늘도 웃으며 우리 가족은 즐겨 먹고 있다"가 그것이다. 작가에게 매실은 남편 때문에 웃음의 표상이 되고, 웃음을 표상하는 사물인 매실을 가족과 같이 먹는 일상이 얼마나 소중한가를 작가가 이 수필에서 말하고자 하는 메시지이다.

수필 〈막내야 부탁해〉는 어머니의 임종을 모티프로 한 수필이다. 이 수필의 서두는 이렇게 시작된다. "삼 일째 곡기를 끊고 누워만 있는 나의 어머니는 물만 받아넘기셨다. 지그시 눈을 감고 작은 숨소리뿐이었다. 아기가 잠을 자는 듯 흐트러짐 없는 편안한 모습으로 반듯하게 누워있다. 어머니와 헤어져야 할 시간이 가까워짐을 체감할 수 있어 안타깝다. 두 언니와 나는 밤낮으로 어머니 곁을 지키고 있었다. 일주일째 꼼짝 않고 미동조차 없다"가 그것이다. 어머니 곁을 지키면서 어미의 사람을 떠올리는 막내인 작가. "걸음걸음 고생과 희생의 길이었"던 어머니의 임종 길에서 작가는 "어머니 곁을 떠나기 싫었다. 작은 동작 하나라도 놓치고 싶지 않았다. 어머니에게 해드릴 수 있는 것은 이제 아무것도 없다. 곁에 앉아 있는 것, 물끄러미 바라보며 입안에 물을 흘려 적셔드리는 것뿐이었다. 오물오물하는 입술의 작은 미동도 귀하고 소중했다"고 생각한다. 그리고 어릴 때, 자신이 '어머니의 아픈 손가락'이었음을 인식했지만, 한때는 작은 언니가 아픈 손가락이었고, "이젠 작은 언니도, 나도 아닌 큰 언니였다. 일평생 엄마 곁에서 함께한 큰언니"임을 깨닫게 된다. "언니는 지금까지 어머니를 자신의 일부처럼 생각하고 살아왔"고, "남편도 자식도 없는, 오직 엄마만이 그의 모두가 되었다. 평상시 어머니 말씀이 생각났"기 때문이다. 그래서 작가는 어머니의 귀에 대고 "언니는 내가 잘 챙기고 돌봐줄 게. 애들도 잘하지만 내가 천국 갈 때까지 엄마처럼 지켜줄 게"라고 말하자 "순간 어머니는 감고 있던 눈을 살포시 떴다. 놀라운 일이었다. 기적 같았다. 그렇게 눈을 떠 보게 하려 했지만 반응이 없었던 어머니가 눈을 살포시 뜨는 것이 아닌가? 어머니의 눈과 나의 눈이 마주쳤다. 어머니 눈가에 물기가 반짝였다. 그리고 어머니 입가에 엷은 미동이 스"치는 것을 인식하고 작가는 그것이 어머니의 마지막 부탁임을 알게 된다. 이러한 작가의 사유는 언니를 생각하는 어머니의 마음에 대한 깊은 이해와 사랑이 가족 사랑의 극대치임을 우리는 알 수 있다.

어머니의 모티프로 한 여러 편의 수필 중 주목되는 수필은 〈깜짝 이벤트〉이다. 이 수필은 어머니의 유언에 따라 부친묘를 파묘해 골분을 선산 동산에 뿌려준 남편의 감동적인 이야기를 서술한 수필이다. 이 수필에서는 격동기에 살아온 아버지, 어머니의 이야기도 중요하지만, 자신을 위해 이벤트(?)를 기획한 남편의 이야기를 감동적으로 그린 수필이다.

모내기할 즈음 남편이 시골에 가자고 하였다. 나는 단번에 거절했다. 하지만 귀찮을 정도로 졸랐다. 견딜 수 없기에 마지못해 따라나섰다. (…) 시내를 거쳐 서대문, 불광동을 지나 벽제로 가는 것이었다. 이 길은 오래전 나의 어린 시절, 국도(군사도로)로 유일한 서울에서 문산으로 가는 길이었다. (…) 남편은 말없이 벽제로 갔다. 벽제 어느 돌집으로 들어갔다. 나는 점점 짜증이 났다. 뭐하는 것이냐고 따지듯 말했다. 남편은 흘려버리듯 "빨래판 하나 맞췄어."라고 했다. (…) 차는 다시 파주 고향을 향해 달렸다. 말없이 고향 가까이 왔다. 차머리는 논이 아닌 다른 곳으로 향했다. 답답하고 궁금했지만, 침묵으로 일관하니 속이 터질 것 같았다.

내가 좋아하는 곳, 옛 우리 집터가 보이는 곳이었다. 임진강도 보였다. 또 어머니 아버지 생각에 슬퍼졌다. 남편은 차에서 빨랫돌이라고 만들어온 돌을 끙끙거리며 꺼냈다. 마땅치 않아도 거들어야 할 것 같았다. 남편 쪽으로 갔다. 뜻밖에 큼직한 돌비였다. 무어냐고 뱁새눈으로 남편을 쏘아봤다. 남편은 히죽 웃으며 "장모님 내외분 비석이지" 했다. 눈치가 없는 나는 무슨 짓이냐고 짜증스럽게 말했다. 돌비를 함께 들고 철쭉꽃이 가득한 언덕을 내려갔다. 옛 아버지 산소 자리에 예쁘게 만들어진 산소가 있었다. 직사각형의 묘, 화강석으로 둘레 돌이 예쁘게 돋보였다. 묘 등과 주변에 잔디가 깔려 있었다. 벽제 돌집에서 맞춰온 비석을 세웠다. 묘비 정면에 아버지와 어머니 이름이 큼직하게 쓰여 있었다. 뒤편에는 자잘한 글씨로 우리 부부 이름과 사 남매 부부 그리고 열한 명의 손자들 이름이 빼곡히 쓰여 있었다.

-〈깜짝 이벤트〉 중에서

위의 인용문이 작가의 남편이 작가에게 해준 '깜짝 이벤트'이다. 선산에 뿌린 골분과 흙을 모아 작가가 원하는 묘를 만들고 묘비를 세워준 것이다. 멋없다고 생각했던 남편이 자랑스러웠다. 게다가 며느리가 시아버지에게 "아버님! 어머님께 최고의 이벤트를 해 드리셨습니다"라고 말해주어 "결혼생활 오십여 년 결혼기념일과 생일을 한 번도 기억해주지 않았던 섭섭함"을 풀어낸다. 그리고 "남편 덕분에 자주 고향을 찾는다. 고향에 가면 좋다. 내가 태어난 곳 흔적은 없지만 집터를 보고 고향의 옛 추억으로 행복해지는 곳이다. 나이가 들어갈수록 무디어지는 메마른 감정, 부모님 묘를 찾을 때마다 흐르는 강물을 보면서 추억 속으로 깊숙이 빠져들 수 있어 얼마나 행복한지./제 2탄의 이벤트도 기대해볼까!"라는 생각으로 이 수필을 마무리한다.

수필 〈열품타 빛이 비추다〉는 "핸드폰에 빠진 손자들"의 가정교육 이야기의 한 단면을 그린 수필이다. 겨울방학이 끝나고 개학을 했어도 "이 방 저 방에서 뒹굴고 있는" 손자들을 바라보는 부모들의 고민을 해결하는 대안으로 '열품타 스터디그룹'을 이용하자는 제안이 나오게 된다. 핸드폰을 이용하여 학업 효과를 높이는 수업 방법으로 이용하기 위해 작가 핸드폰에도 앱을 깔아 체험한 이야기인데 급기야 '가족 그룹'으로 별도로 깔아 체험한 이야기를 재미있게 서술한다.

　이 수필의 마지막 단락에서 작가는 "내 폰에도 앱을 깔았다. 해야 할 과목을 선택하고 일정을 기록했다. 손자들 앞에서 몇 번의 시험을 거친 후 혼자 할 수 있었다. 배운 순서대로 폰을 여니 홈 화면에 하얀색 네모가 보였다. 주황색 세모에 '열품 타'라고 쓰여 있었다. 세모 모양을 살짝 터치하니 영 수 국 과목이 떴다. 그중 한 과목을 터치했다. 여러 개 의자가 뜨면서 불이 켜졌다. 의자 밑에는 개개인의 이름이 떴다. 불이 켜진 의자에 빛이 들어와 내 이름이 반짝였다. '곽경옥' 손자들과 함께 공부하는 할머니의 빛이었다."고 서술하면서 공부도 같이하는 가족의 이야기를 특별한 모티프로 설정하고 있어 주목된다.

　이 외에서 작가는 유년의 부모, 형제 그리고 시어머니, 자식들과 손자들의 이야기를 전방위적으로 빠지지 않고 수필의 테마로 삼는다. 이른바 가족 사랑 수필의 전범을 보여주고 있는 셈이다.

3. 영적 수필과 기독교 사랑

곽경옥 수필의 특성 중 하나는 기독교적인 신앙 수필 혹은 종교 수필이라는 점이다. 이런 경우에는 단순한 신앙고백 수필이라는 점보다는 영적인 수필이라는 점에서 주목하게 된다. 성서에서는 '영성'만을 중요시한다. '영성(spirituality)'의 사전적 의미는 '신령한 품성이나 성질' 즉 영혼이 지니는 품성을 말한다. 하나님에 대한 체험이 우리의 일상적인 삶의 현장에서 드러나는 양상, 좀 더 자세하게 부연하면, 인간의 총체적인 삶의 의미를 창조주인 하나님과의 관계 양식 안에서 그리스도다움으로 성찰하고 추구해 나가는 성질을 기독교에서는 영성이라고 말한다. 영성을 두 가지 측면에서 바라볼 수도 있을 것이다. 그 하나는 자기가 믿는 종교의 가르침에 따라서 사는 성질을 말하는 것이고, 다른 하나는 신앙을 기본으로 하는 기본 영성(basic spirituality)으로 착하고 자비롭고 지상한 인간의 기본 성품을 의미한다. 그러니까 이 관점은 영성의 본질적인 것이며, 후자의 의미에 무게를 두고 있다. 그 이유는 우리 모두에게는 이 기본적 영성의 가치가 필요하기 때문일 것이다.

이제 곽경옥 수필의 경우는 어디에 해당하는지 살펴야 할 것이다.

수필 〈배려配慮〉는 단감나무의 단감 따기를 모티프로 한 가족 수필이다. 아들 내외와 손자들이 단감 따기를 체험할 수 있도록 작가는 남편과 함께 바닷가 마을의 고택에 내려가 먹음직하고 탐스러운 감을 딴다. 단락한 가족을 보여주기 위함이다. 그러나 이 수필에서 특이한 점은 냉장고 가득 저장한 감을 "성경 말씀처럼 삼십 배, 육십 배, 백배의 수확이었다.(신약성경 마가복음 4장 19절) 아니 그 이상이었다. 나무를 돌보아주지도 않았다는데 이렇게 많은 열매로 주인에게 기쁨을 주다니 저절로 감사가 나왔다. 자연의 섭리에 감사, 하나님의 돌보심에 감사, 농부들의 땀 흘리며 수고한 대가는 바로 이 풍요로움이다. 그

안에서 표출되는 것이 감사가 아닐까? 생각되었다"고 인식하고 있는 것과 까치밥 남겨두는 의미를 "성경에 보면 추수를 할 때는 밭 귀퉁이를 다 베지 않고 남겨 놓았다. 한 움큼씩 밭에 던져 놓기도 하였다.(구약성경 룻기 2장 16절) 가난한 자를 직접 도와줄 수도 있지만, 그들의 자존심을 상하지 않으려 배려하는 마음이었다. 지금도 이 같은 아름다운 마음들을 매체를 통해 볼 수 있다. 말로만 하는 나는 아닌지? 자신을 돌아보게 되었다. 홀로 계신 어르신들, 고달프고 힘겨워 외로운 이웃, 그들의 이웃으로 살아갈 수 있기를. '나와 나의 자녀들이'" 라고 마무리하면서 삶의 모든 일상을 성경 말씀으로 환기하는 독실한 기독교인이라는 점이다. 이 수필은 기독교적 수필이다.

수필 〈무쇠 종〉은 작가의 유년 시절, 한국 전쟁 당시의 시골 작은 교회의 무쇠 종과 그 종을 만나고 싶어 하는 노인의 이야기를 그린 수필이다. 이 수필이 주목되는 이유는 가장 문학적이고 작가의 상상력을 잘 보여주고 있는 수필이기 때문이다. 이 수필은 이렇게 서두를 시작한다. "빨간 지붕에 3층으로 된 아담한 교회다. 정문 앞으로 들어서니 넓은 잔디가 마음을 편안하게 맞아주었다. 발밑에서부터 돌 디딤돌이 한 걸음씩 걷기에 적당한 간격으로 놓여 있었다. 한 발 한 발 돌을 따라가며 주위를 둘러보았다. 교회당과 정문 중간쯤에 커다란 무쇠 종이 초연히 앉아 있었다"고 표현한다. 그 무쇠 종은 "높다란 종탑 아래 네 기둥의 보호를 받으며 중앙에 자리하고 있었"지만 "자신이 해야 할 몫을 하지 못하고 앉아 있는 모습이 애처롭게 보였다. 종각에 달려 자신의 소리를 내야 할 그 일을 하지 못함이 가여웠다. 자신을 쳐서 주고, 또 주었던 무쇠 종이었다"고 작가는 그 종을 초라한 종으로 회상한다. 그러나 그 종소리는 "매일 아름다운 소리로 들녘을 지나 냇물을 따라 언덕 너머 산마루까지 울려 퍼졌다. 사랑의 메아리와 희망의 메아리로, 우리들의 귓가를 울려주었다. 전쟁의 폐허와 가난으로 힘겨운 이들을 찾아 꿈을 꾸라고 다가왔다"고도 회상한다. 또한 "오랜 세월 자신의 몸뚱이를 쳐서 이웃에게 희망을 노래했고 사랑의 메아리로 다가갔"고 "잠자는 이들에게 새벽을 깨우고, 기도의 소원을 노래하게 하였"고, "우는 자에게 위로로 죽을 것 같은 이들에게 생명으로 다가갔"다고 영적으로 인식한다.

그 낡은 무쇠 종을 만나려 하는 고령의 노인은 "하얀 백발에 늘어진 피부, 다리는 힘이 없어 휘청거렸다. 걷는 것이 힘겨워 네 발 달린 지팡이에 몸을 의지하고 무쇠 종을 바라보고 서 있었다. 외롭고 쓸쓸함이 역력했다"고 작가는 기억한다. 그녀는 "매일 새벽 4시, 산소통을 망치로 두드리며 기도를 올렸"고, "언덕 위 교회당 앞에 종각을 높이 세우고 커다란 무쇠 종소리가 널리 퍼져 나아가기를 빌었다. 높은 종각 위에 달린 무쇠 종을 꿈꾸었다. 그리고 종 줄을 당기는 그날을 꿈꾸었다. 종각 높은 곳에서 종 줄을 당길 때 커다란 무쇠 종이 '땡 그 렁' '땡 그 렁~~' 깊고 은은한 종소리를 꿈꾸었다. 그 울림이 들판을 지나고 동산을 넘어 멀리멀리 퍼지는 그날을 고대"하곤 했다. 전쟁이 끝나고 언덕 위에 빨간 벽돌로 아름다운 교회당이 세워지고, 무쇠로 높은 종탑을 세워지고, 장엄한 무쇠 종을 올려 머얼리 소리를 전해지기를 노인은 간절히 소원했다. 그 "노인은 무쇠 종을 자식처럼 사랑하고 남편처럼 소중하게 생각하며 살아왔"던 것이다.

변함없이 노인은 무쇠 종이요, 무쇠 종은 노인이다. 친구이자 세상 마지막 날까지 함께 가는 동무가 되리라. 욕심 없이 사심 없이, 모두를 내어주고 비우고 또 비우고 있었다. 저기에 자리하고 있는 무쇠 종처럼, 자신의 소유는 아무것도 없었다. 자신의 자리를 지키고 있을 뿐이다. 그러나 그는 부요한 자요, 땀 흘린 수고의 대가를 아낌없이 주고 또 주며 세상과 상관없는 자가 되어 그녀를 바라보는 이들, 남을 위해 이 세상에 태어난 사람이란다. 결코, 그의 삶은 잊히고 없어지는 삶이 아니었다. 그녀의 노년은 외롭지 않았다. 그녀를 보고 살아온 그들이 그렇게 살아가고 있었다. 그의 노후는 아름답다. 부요한 삶으로 이어갔다. 종소리를 울리지 못하는 무쇠 종처럼, 담담히 자신의 자리를 지키는 그에게 감사와 존경을 표하고 싶다. 유언 아닌 유언, 은은한 무쇠 종소리로 들려왔다. "자신이 세상 떠나는 날, 최소한의 간단한 예배로, 조문객들의 조의금은 받지 마라. 마지막 나를 찾아오는 이들에게 한 끼 밥을 대접해야 하지 않겠느냐." 주는 자로 마무리하려는 그의 음성이 메아리 되어 울린다.

–〈무쇠 종〉 결말 부분

이 인용문의 서두 "변함없이 노인은 무쇠 종이요, 무쇠 종은 노인"이라는 의미는 노인인 그녀와 무쇠 종은 하나라는 의미이다. 무쇠 종은 곧 노인을 표상하는 상징물인 셈이다. "욕심 없이 사심 없이, 모두를 내어주고 비우고 또 비우"는 무쇠 종은 "부요한 자요, 땀 흘린 수고의 대가를 아낌없이 주고 또 주며 세상과 상관없는 자가 되어 그녀를 바라보는 이들. 남을 위해 이 세상에 태어난 사람"으로 작가는 인식한다. 그래서 노년이 외롭지 않고 아름답다. 그리고 자신이 이 세상을 떠나는 날 "최소한의 간단한 예배로, 조문객들의 조의금은 받지" 않는, 주는 자로 마무리하기를 원한 존재이다. 그렇다면 무쇠 종으로 표상되는 그녀는, 그 노인은 어떤 존재일까? 그 존재는 무쇠 종 같은 영적인 존재이며 어쩌면 작가 자신일 수도 있다. 이 점이 이 수필을 주목하게 한다.

수필 〈기도의 무게〉는 작가 자신의 신앙을 고백한 수필이다. "나는 기도하리라 다짐을 했다. 자식을 위한 어머니의 기도. 어머니의 기도는 땅에 떨어지지 않는다고 했다. 내 어머니는 천막 예배당에서 추위와 더위를 가리지 않고 기도하였다. 가난하고 배가 고파도 기도로 시작하고 기도로 마쳤다. 먹고 잠을 자는 쉼보다 더 중요한 것이었다"라고 서두를 시작하는 이 수필은 유년 시절 천막 교회에서 보게 된 어머니의 간절한 기도와 결혼 후 시어머니의 365일 하루도 거르지 않는 새벽기도. 그리고 작가 자신의 세 아이의 엄마로서 양보할 수 없는 "신앙생활의 기본인 주일 예배 생활". 그리고 "신앙생활을 반듯하게 잘한다는 목사님의 칭찬에" 네 자녀의 손자가 열 한 명인 작가의 기도 무게는 "아직 갈 길이 멀기만 하다"고 인식하여 "세상 끝나는 그 시간까지 기도의 줄을 놓지 말자고. 우리의 재산은 물질의 부요가 아닌 오직 기도뿐이라고. 자식을 키우는 일, 잘들 하고 있다. 모니카 여사의 뒤를 이어가기를" 기도하자고 한다. 다분히 신앙 고백적인 전범의 수필이다.

수필 〈처음처럼〉은 작가의 신앙생활과 지금 나니는 교회의 옛 모습을 엿보게 하는 수필이다. 이 수필은 이렇게 시작한다. "논밭에서 개구리와 맹꽁이의 울음소리에 귀가 따갑다. 곤충과 동식물들이 경쟁하듯 서식하는 숲이다. 종달새, 뻐꾸기, 제비와 참새 떼들이 숲을 옮겨가며 시끄럽게 목청을 돋우는 마을, 길리. 산사태나 물난리, 천재지변이 없어 살기 좋은 마을이라 하여 길리라 불렸다고 했다"고 지금 서울 강동구 길동의 1977년 모습을 그린 후 그 해방 직후인 1947년 개척된 길동교회의 모습도 그린다. "나는 언덕을 올라 교회에 찾아갔다. 숲 향기가 코끝을 자극했다. 침침한 예배당으로 들어가 기도를 드렸다. 오래된 듯 칙칙한 나무 장의자가 나이가 들었다는 것을 알려 주었다. 자그마한 풍금도 나이가 들었다는 것을 암시해 주었다"가 그것이다.

그러나 이 수필에서 정작 작가가 말하고자 하는 것은 이 교회를 개척한 목사님 이야기이다. 만주에서 태어나 성장하고 결혼하여 일가를 이루며, "그곳에서 한민족들에게 한글을 가르치고 우리 문화를 가르치며 살았"던 목사님이 해방되어 고국으로 돌아와 척박한 땅에서 한글과 복음을 가르친 이야기를 통해 작가는 이 수필의 결말 부분에서 신앙인으로 살아가는 지혜를 환기한다. "이 시대는 부족함이 없는 풍요로운 시대다. 교회도 넘쳐나고 교육도 넘쳐나고, 좋은 시설 먹고 마심도 사치스러울 만큼 부족함 없는 시대가 되었다. 그러나 그 어르신이 지금 여기에 있다면 무엇을 해야 한다고 말할까? 나는 그의 뜻을 알 것 같있다. 불호령이 내릴 것 같다. 인성, 인격, 인품, 사람의 기본, 그것이 고프다고. 너희가 채워주라 하지 않을까?/그가 이루고 간 그 길을 이제는 너희가 이어가라. 너희는 할 수 있다고. 그의 후예 우리에게 담금질하는 소리가 들리지 않는가!"라고 그 목사님을 기린다.

곽경옥 작가는 이 수필 〈처음처럼〉은 한 목사님의 삶을 되돌아보며 그의 인성, 인격, 인품을 환기하며 신앙인으로서의 영성을 환기한다. 앞서 언급한바 신앙적인 기본 영성(basic spirituality)으로 착하고 자비롭고 자상한 인간의 기본 성품으로서의 영성을 목사님을 통해 환기하고 있는 것으로 보인다.

많은 담론이 필요하지만, 종교와 문학의 상보적인 관계는 긍정적이지 못하다. 가장 인간적인 것을 낮게 지향하는 문학은 가장 높은 곳의 성聖적인 것을 지향하는 종교와는 별개의 것으로 대척 관계에 놓일 수 있을 것이기 때문이다. 그러나 곽경옥 수필처럼 문학이 기본 영성에 기반을 둔다면 종교문학의 가능 지평은 열릴 것으로 보인다. 고향 사랑과 가족 사랑 그리고 현재 지금 자신이 사는 공간과 그 속의 친지들 이야기를 정겹게 들려주는 곽경옥 작가의 서사 수필이 이를 실현해 보여주고 있기 때문이다. 이 점에서 우리는 곽경옥 수필을 간과할 수 없고 일별하게 된다.

곽경옥 수필집

무쇠 종

인쇄 2025년 3월 25일
발행 2025년 3월 31일

지은이 곽경옥
발행인 서정환
펴낸곳 인간과문학사
주 소 서울특별시 종로구 삼일대로 30길 21. 종로오피스텔 809호
전 화 02)747-5874, 063)275-4000
팩 스 (063) 274-3131
이메일 human3885@naver.com inmun2013@hanmail.net
출판등록 제300-2013-10호
인쇄·제본 신아출판사

저자와 협의, 인지는 생략합니다.
잘못된 책은 바꿔 드립니다.

ISBN 979-11-6084-244-9 03810
값 15,000원

Printed in KOREA